Te ve.

Te conoce.

Te ama.

LIBROS DE GARY CHAPMAN PUBLICADOS POR PORTAVOZ

*5 ideas para fortalecer tu matrimonio
en medio de las crisis inesperadas*

*Ama a tu cónyuge aun cuando quieras salir corriendo:
Ayuda para matrimonios en crisis*

Biblia devocional: Los lenguajes del amor (editor general)

Los 5 lenguajes del aprecio en el trabajo (coautor)

Casados y felices… después de tantos años (coautor)

Cuando decir "lo siento" no es suficiente (coautor)

*El enojo: Cómo manejar una emoción
poderosa de una manera saludable*

Intentemos de nuevo

Joven valiente: ¡Vive una vida extraordinaria! (coautor)

Lo que me hubiera gustado saber… ¡antes de casarme!

Lo que me hubiera gustado saber… ¡antes de tener hijos!

Mantén vivo el amor cuando las memorias se desvanecen (coautor)

El matrimonio que siempre ha deseado

El reto de criar a tus hijos en un mundo tecnológico (coautor)

*Te ve. Te conoce. Te ama. 5 verdades acerca de Dios
y tu lenguaje de amor* (coautor)

Te ve.
Te conoce.
Te ama.

5 verdades acerca de Dios y tu lenguaje de amor

Gary Chapman y R. York Moore

EDITORIAL
PORTAVOZ

La misión de *Editorial Portavoz* consiste en proporcionar productos de calidad —con integridad y excelencia—, desde una perspectiva bíblica y confiable, que animen a las personas a conocer y servir a Jesucristo.

Traducción: Nohra Bernal

EDITORIAL PORTAVOZ
2450 Oak Industrial Drive NE
Grand Rapids, Michigan 49505 USA
Visítenos en: www.portavoz.com

ISBN 978-0-8254-5965-8 (rústica)
ISBN 978-0-8254-6905-3 (Kindle)
ISBN 978-0-8254-7753-9 (epub)

1 2 3 4 5 edición / año 29 28 27 26 25 24 23 22 21 20

Impreso en los Estados Unidos de América
Printed in the United States of America

Contenido

Introducción

¿QUÉ ESTÁS BUSCANDO? Muchas personas esperan más de la vida. Buscan significado, un propósito para su existencia. Quieren sentir que su vida tiene valor. Quieren gozar de buenas relaciones con los demás y trabajar juntamente con otros para hacer del mundo un lugar mejor.

En pocas palabras, quieren *amar y ser amados*. Ambos hemos encontrado a cientos de personas que nos han expresado sus luchas en la vida. La mayoría tienen una historia de relaciones rotas. Detrás de todas esas luchas se esconde el clamor de ser amados. Quienes estudian el alma humana coinciden en que una de las necesidades emocionales más grandes es la de sentirse amado, sentir que otros me valoran como persona aun cuando yo no satisfaga todas sus expectativas.

Esta fue la realidad que me llevó (Gary) a escribir *Los 5 lenguajes del amor: El secreto del amor que perdura*. El libro ha vendido millones de ejemplares en inglés y se ha traducido y publicado en más de cincuenta idiomas alrededor del mundo.

Como estudiante de antropología, me asombra que, al parecer, estos cinco lenguajes del amor tengan aplicación universal.

Los cinco lenguajes del amor son *Palabras de afirmación, Actos de servicio, Recibir regalos, Tiempo de calidad* y *Contacto físico*. De estos cinco, cada individuo tiene un lenguaje del amor "principal". Hay uno que nos habla de manera más profunda que los otros cuatro. Así pues, la clave es aprender a descubrir y hablar el lenguaje del amor del otro. Cuando esto sucede, nosotros florecemos y nuestras relaciones florecen. Por ejemplo, miles de parejas casadas han reportado que este sencillo concepto salvó su matrimonio. Los adultos solteros han logrado entender mejor su relación con sus padres y han enriquecido sus relaciones románticas. (Si nunca has respondido el cuestionario gratuito de los lenguajes del amor para descubrir el tuyo, te invito a que lo hagas junto con los treinta millones de personas que ya han participado en www.5lovelanguages.com [solo disponible en inglés]).

En este libro vamos a profundizar en estas ideas. Es posible que cambien tu vida, porque pueden conectarte con el amor que tanto buscas. Sigue leyendo.

LA LUCHA

¿Has visto noticias últimamente? Cuando vemos la situación del mundo tal vez nos preguntemos: Si el amor emocional es tan importante, ¿por qué hay millones de personas en todo el mundo que pelean en vez de amarse? ¿Dónde empieza esto?

Para empezar, todos nos preocupamos mucho por nosotros mismos. Los psicólogos lo llaman "egocentrismo". No es exactamente lo mismo que ser "egoísta". Es la idea de que el mundo gira alrededor de mí. Esta tendencia natural tiene un aspecto positivo, ya que es lo que me impulsa a alimentarme, comer, hacer ejercicio, cuidar de mí mismo. Sin embargo, esta tendencia egocéntrica a menudo conduce al egoísmo, a una actitud ante la vida que solo busca lo suyo propio. Esta actitud afecta todo nuestro comportamiento. Dos personas egoístas no pueden tener una relación saludable.

El amor es lo opuesto del egoísmo. El amor piensa: "¿Cómo puedo mejorar la vida de las personas a mi alrededor?". El amor verdadero no es solo un sentimiento; es una actitud que va acompañada del comportamiento adecuado. Sin embargo, el amor verdadero despierta emociones verdaderas. De modo que cuando tú eliges hablar mi "lenguaje del amor", yo me siento amado por ti.

Además de centrarse en sí mismas, muchas personas sufren también las consecuencias de un mundo fracturado, como traumas dolorosos y experiencias de vida que son ajenas a nuestra voluntad y que están fuera de nuestro control. Todos somos una combinación de nuestra propia inclinación a "centrarnos en nosotros mismos" y del condicionamiento de nuestras experiencias. No existe una sola persona que no necesite el poder profundo y restaurador del amor.

LA BÚSQUEDA

Entonces, ¿dónde buscamos? Algunos alcanzan cierta medida de éxito a través del "pensamiento positivo". ¡Créelo y sucederá! El reto del pensamiento positivo es enfocarnos en los aspectos positivos de nuestro mundo y no en lo negativo, enfocarnos en nuestras oportunidades y no en nuestros fracasos, hacerle buena cara al mal tiempo, buscar la luz en vez de renegar de la oscuridad. Se han escrito miles de libros acerca del poder del pensamiento positivo.

Mantener una actitud positiva puede ayudarnos de muchas maneras. Sin embargo, para muchos tener una vida de amor exige más que un desafío a "pensar positivamente". Es difícil pensar positivamente cuando te enfrentas diariamente a lo negativo o no te sientes bien contigo mismo y, a pesar de todo, seguir en la búsqueda.

Muchos han buscado esa clase de amor en la esfera espiritual. A nuestro modo de ver, están buscando en la dirección correcta. En mis estudios de antropología (habla Gary), he explorado religiones del mundo, incluso las de culturas analfabetas. En primer lugar, me asombra que en todas las culturas humanas exista una creencia en un mundo "espiritual". Parece inherente a la naturaleza humana intuir que existe algo más que el mundo que vemos con nuestros ojos.

Aunque mis estudios acerca de las religiones del mundo no me han convertido en un experto en asuntos espirituales, he explorado y experimentado el poder transformador de la fe cristiana. No me refiero al cristianismo como sistema de creencias. Me refiero a nuestra respuesta personal y genuina a Dios, cuya naturaleza misma es amor: un amor que satisface. Es como si el amor de Dios fuera derramado en nuestros corazones y saciara nuestros más profundos anhelos de ser amados. Su amor estimula nuestro amor; y, puesto que somos amados, ahora somos capaces de amar sinceramente a otros.

¿Por qué, pues, hay tantas personas religiosas que son duras, hostiles y condenan a los demás? ¿Dónde está el amor cristiano? Aunque solo más del 70 por ciento de la población de los Estados Unidos se identifica como cristiana, muchos lo son únicamente en sentido cultural.[1] Se llaman cristianos porque crecieron en una cultura mayoritariamente cristiana. Más aún, muchos no han respondido todavía de manera personal y profunda al amor de Dios. De hecho, siguen buscando amor, como muchos otros, sin importar cuáles sean las creencias espirituales. Y hasta que nuestra necesidad profunda de amor

---

1. "Religious Landscape Study", Pew Research Center, https://www.pewforum.org/religious-landscape -study/.

no quede satisfecha, es imposible que nos convirtamos en personas que aman.

¿TE SIENTES SOLO?

Hablemos de ti.

Tal vez sepas en un sentido general que tu familia, tus amigos e incluso Dios te aman, pero puede que no lo *sientas*. Si eres como muchas personas, te sientes solo la mayoría del tiempo. Sin embargo, la realidad es que tú NO eres el único que se siente solo. Millones de personas luchan con estos sentimientos y con inquietudes similares. ¿Por qué sucede esto? Nuestra realidad vivida es un indicador de algo profundo que nos impulsa en nuestro interior… que nos impulsa a lo que fuimos llamados a ser y a una relación de amor para la cual fuimos creados, una relación con Dios. De eso trata este libro.

Es posible que hayas oído en algún lugar acerca de los cinco lenguajes del amor. Tal vez un amigo te haya contado que usar estos lenguajes con su cónyuge ha beneficiado su matrimonio. Sin embargo, es posible llegar aún más lejos con estos lenguajes.

¿Cómo funcionan? ¿Qué nos enseñan acerca de Dios los cinco lenguajes del amor? ¿Cómo podemos conectar con su amor de tal manera que en realidad lo sintamos?

Esto es lo que vamos a explorar en este pequeño libro.

CRECER LEJOS DE DIOS

Primero quisiera compartir mi experiencia personal.

Como alguien que creció lejos de Dios (habla York), nunca, ni una sola vez, pensé acerca de mis lenguajes del amor, ni consideré mi propia condición ni mis necesidades espirituales. En mis años de crecimiento, mi familia y yo vivimos muchas veces sin casa. Y, cuando no era así, mis padres colgaban un aviso en la entrada de la casa: "Los ateos Moore". Manteníamos un contenedor junto a la casa que servía para quemar Biblias. No éramos simplemente indiferentes a Dios, sino que éramos hostiles hacia Él y hacia todo lo relacionado con Él.

No fue hasta mi tercer año de universidad que empecé a prestar atención a mi alma y a anhelar algo más. Después de experimentar personalmente el amor de Dios, me comprometí a comunicar ese amor al mayor número de personas posible. En los últimos treinta años he compartido el amor de Dios con cientos de miles de personas a través de libros, de la radio y de la televisión, pero sobre todo en conversaciones persona a persona tomando un café, después de una predicación o en el jardín de mi casa. A través de todas estas experiencias he llegado a dos conclusiones: la primera, que *cada persona* que he conocido ha sido profundamente afectada por el amor o por la falta de este, y, la segunda, que *todo ser humano* desea experimentar el amor de manera diferente, ¡conforme a su lenguaje del amor!

Así pues, nuestro deseo es ayudarte a descubrir la respuesta al clamor de tu corazón y que así puedas encontrar un camino seguro para sentir el amor de Dios. A medida que experimentes el amor de Dios a través de tu lenguaje del amor, ¡creemos que también descubrirás cómo amar mejor! Podemos amar porque *somos* amados.

CAPÍTULO 1

"Te ama": Las palabras que lo cambian todo

LENGUAJE DEL AMOR: PALABRAS DE AFIRMACIÓN

EL AMOR ES LA FUERZA MÁS PODEROSA que el mundo haya conocido. Ha producido el ascenso y la caída de imperios, ha llevado a muchos a entregar sus vidas por otros, ha inspirado un sinnúmero de poemas, canciones, libros, obras de teatro, películas, artículos, tarjetas… está en todas partes. Antes de que inventaran la Internet y mucho antes de la evolución de las redes sociales, desde todo el territorio nacional los estadounidenses escribían cartas a mano y las enviaban a los periódicos, buscando el consejo de una de las principales expertas en el tema del amor y las relaciones, Ann Landers. Ann Landers era el seudónimo de Esther Pauline "Eppie"

Lederer, la famosa columnista nacional que, durante casi cincuenta años, escribió la columna sindicada: "Pregúntale a Ann Landers".

Ella no era psicóloga ni consejera, pero su consejo práctico, su sentido común y su compasión tenían un público enorme. Y ella entendía el amor. Una vez dijo: "El amor es amistad en llamas. Es entendimiento apacible, confianza mutua, es compartir y perdonar. Es lealtad en los buenos y en los malos tiempos. Se conforma con algo menos que perfecto y tolera las debilidades humanas… Si tienes amor, eso compensa muchas carencias que puedan existir en tu vida. Cuando no lo tienes, sin importar todo lo demás, no será suficiente".[1]

> ¿Por qué nos resistimos tantas veces a creer que somos amados, o incluso que otros nos puedan amar?

Te amo. Cuando alguien nos escribe, nos envía o nos dice estas palabras, todo cambia. Estas palabras nos dan un sentido de valor y un ancla a la cual podemos aferrarnos en medio de las olas que nos azotan en la vida. Cuando enfrentamos las peores dificultades, cuando la vida pareciera desplomarse o cuando hemos sido heridos profundamente, estas palabras en boca

---

1. Ann Landers, *Wake Up and Smell the Coffee!: Advice, Wisdom, and Uncommon Good Sense* (Nueva York: Villard, 1996), 34.

de un amigo, un compañero, uno de nuestros padres o hermanos puede cambiarlo todo. Estas dos palabritas lo cambian todo. Entonces, ¿por qué nos resistimos tantas veces a creer que somos amados, o incluso que otros nos puedan amar? A millones nos han dicho que somos amados, pero no lo creemos, no podemos recibirlo, y por ende seguimos esforzándonos por *sentirnos* amados.

LAS REDES SOCIALES Y EL ANHELO HUMANO

Aunque la columna de "Pregúntale a Ann Landers" es cosa del pasado, seguimos "escribiendo" para pedir ayuda en el tema del amor a través de las redes sociales. La conversación acerca del amor se ha vuelto mucho más compleja y presente por cuenta de las redes sociales. En cierto sentido y para muchas personas, las redes sociales han agudizado mucho más el anhelo humano de amor porque ahora tenemos acceso continuo a ejemplos de personas que tienen vidas que nosotros ambicionamos. Examinamos las publicaciones incesantes en las redes y vemos, en alta resolución y por todas partes, vidas llenas de amor. Vemos personas rebosantes de vida que sonríen, comen, visitan lugares hermosos o están con su pareja en un restaurante acogedor. Divirtiéndose. Saliendo con amigos. Mostrando con orgullo su nuevo bebé. Luego miramos nuestra vida y sentimos que nos falta algo.

Al mismo tiempo, muchos dependemos de las redes sociales y de la descarga de placer que se experimenta cuando alguien responde a nuestras publicaciones con un "me gusta". Sentimos que alguien nos ve, que importamos. Sin embargo, como veremos, con el aumento del uso de las redes sociales se ha agravado nuestra soledad. En otras palabras, al conformarnos con un sustituto ordinario del amor verdadero, terminamos *sintiendo* menos amor, como si bebiéramos agua salada para calmar nuestra sed. Cuando nos conformamos con una falsificación del amor, el único resultado es que nos deja más sedientos y con ansias de más.

EL MUNDO SE QUEDA CORTO EN PALABRAS

Algunas personas realmente necesitan oír las *palabras en sí.* Para las personas cuyo principal lenguaje del amor es el de *Palabras de afirmación,* los elogios espontáneos o las expresiones de ánimo son lo más importante. Escuchar las palabras "te amo" los hace felices. Escuchar las razones que *sustentan* ese amor nos hace sentir en las nubes.

El problema es el siguiente: Las palabras de afirmación son poderosas, pero para muchos de nosotros son insuficientes. Los comentarios y las expresiones de "me gusta" en nuestras publicaciones de las redes sociales nos dejan con ansias de más y más palabras de afirmación. Cuanto más recibimos, más queremos. Por ejemplo, Regina es una mujer que necesita palabras de afirmación. En su treintena, Regina se había convertido en ama de casa y madre de dos hijos hermosos. Mientras tenía una vida de amor con su familia, empezó a compararse con otras mujeres como ella. A menudo se preguntaba si era una buena madre, si sus pequeños tenían una buena infancia, si su vida hogareña era envidiable o si no daba la talla. Regina empezó a llenar sus días entre el cuidado de sus hijos pequeños y la obsesión con su Instagram. Vivía en una búsqueda insaciable de las fotografías más bonitas que demostraran que era una buena madre, que tenía una buena vida y, sobre todo, que era amada. Sus publicaciones le proveían las palabras de afirmación que le daban gratificación inmediata, pero nunca eran suficientes. Ansiaba más. Aunque a Regina *le decían* con frecuencia que era amada, ella no se conformaba con la expresión de ese amor. Ella pasaba más y más tiempo repasando las palabras de afirmación que aparecían en las publicaciones de su cuenta de Instagram, pero no se *sentía* amada.

El problema de Regina es el mismo de todos nosotros. La lucha se origina en la realidad de que fuimos creados para el amor de Dios. Regina, cuyo lenguaje del amor es el de *Palabras de afirmación*, fue creada por Dios para experimentar el amor principalmente a través de las palabras. El asunto es que no existen suficientes palabras en el mundo que le ayuden a *sentir* ese amor de tal modo que su alma quede satisfecha. Para quienes experimentamos el amor principalmente a través de las palabras, necesitamos con urgencia oír las palabras de Dios: "Aunque cambien de lugar las montañas y se tambaleen las colinas, no cambiará mi fiel amor por ti ni vacilará mi pacto de paz, —dice el SEÑOR, que de ti se compadece".[2]

EL PODER DE LAS PALABRAS DE DIOS

Dios te ama. Él tiene compasión de ti. Él te ve y ha tomado la iniciativa de reconciliarse contigo. Las palabras de afirmación que Dios nos da son mucho más poderosas que las palabras pasajeras y a menudo superficiales que recibimos en la Internet. Son una verdadera ancla para nuestra alma.

Vuelve a leer este solo versículo, con tu nombre en él. Para Regina, quedaría: "Aunque cambien de lugar las montañas y se tambaleen las colinas, no cambiará mi fiel amor por Regina ni vacilará mi pacto de paz, dice el Señor, que de Regina se compadece".

Las palabras de Dios son poderosas porque contienen un amor que no tenemos que ganar ni luchar por conservarlo. Dios te ama. Él lo *dice*, y tú puedes experimentar a diario ese amor. Puedes *sentirte* amado, especialmente si eres una per-

---

2. Isaías 54:10 (NVI).

sona cuyo lenguaje del amor es *Palabras de afirmación*. Puedes vivir en el amor de Dios oyendo las palabras de Dios. Con ayuda de tu portátil puedes leer las palabras de Dios para ti y experimentar el amor y el compañerismo de un modo que nunca creíste posible. La mayoría de las personas no leen la Biblia, pero los estudios han demostrado que la lectura habitual de la Biblia reduce el estrés, produce paz y ayuda a las personas a tener una vida de amor y gratitud. ¿Por qué? Simplemente porque hay poder en las palabras de afirmación de Dios para nosotros que se encuentran en la Biblia, las cuales no podemos reemplazar con las palabras de los hombres.

Medita en estas palabras de afirmación de Jesús que nos invita a encontrar nuestra fuente de satisfacción en Él: "Yo soy el pan de la vida; el que viene a Mí no tendrá hambre, y el que cree en Mí nunca tendrá sed".[3] Ninguna persona en nuestra vida, ni siquiera nuestro socio, nuestros padres o cónyuge, podría decirnos algo parecido. Sonaría absurdo. Solo Jesús puede hablarnos estas palabras de afirmación de manera que tengan sentido y transformen nuestras vidas. Nuestros anhelos y ansias más profundos de amor y compañerismo se satisfacen en una relación con Jesús. Dios promete que si acudimos a Él nunca tendremos hambre ni sed. Él nos invita a venir a Él porque nos ama con un amor eterno.

---

3. Juan 6:35.

¡DIOS TE VE!

Esta es la realidad: Dios TE ve, tú NO eres invisible. Dios quiere que sepas que Él te ve en tu mejor y en tu peor momento, y sea lo que sea, pase lo que pase, Él elige amarte. Con mucha frecuencia, *sentirse* amado tiene que ver con ser visto. Para recibir palabras de afirmación, nos esforzamos por ser vistos y así obtener la recompensa de que alguien nos diga que nos ve y le agradamos. Nos aterra sentirnos invisibles y nos esforzamos continuamente para recibir palabras de afirmación que nos ayuden a sentir la confianza de que otros nos ven y nos aman. Esto es lo que resulta increíble, para bien y para mal, de las redes sociales. Nos pueden ver como nunca antes había sido posible. Hacemos que otros nos vean, como Regina, publicando fotografías de nuestras vidas, imágenes que digan al mundo que estamos aquí. Sin embargo, ¿has publicado alguna vez algo que no haya recibido un solo "me gusta"? Peor aún, el único "me gusta" que recibiste fue tal vez el de tu mamá o de tu abuela. Detrás de nuestro intenso deseo de ser vistos está el anhelo de sentirnos amados.

Nos aterra sentirnos invisibles.

Pero Dios te ve. De hecho, Dios te ha visto y vela por ti desde el principio. Hay un poema en la Biblia que expresa cómo el autor en medio de una gran dificultad experimenta el amor de Dios al darse cuenta de la manera tan íntima como Dios ha estado involucrado en su vida. Esta es una parte del poema; considéralo tuyo:

Oh SEÑOR, Tú me has escudriñado y conocido.
Tú conoces mi sentarme y mi levantarme;
Desde lejos comprendes mis pensamientos...

¿Adónde me iré de Tu Espíritu,
O adónde huiré de Tu presencia?
Si subo a los cielos, allí estás Tú;
Si en el Seol preparo mi lecho, allí Tú estás.
Si tomo las alas del alba,
Y si habito en lo más remoto del mar,
Aun allí me guiará Tu mano,
Y me tomará Tu diestra...

Porque Tú formaste mis entrañas;
Me hiciste en el seno de mi madre.
Te daré gracias, porque asombrosa y maravillosa-
     mente he sido hecho;
Maravillosas son Tus obras,
Y mi alma lo sabe muy bien.[4]

---

4. Salmo 139.

Ahora bien, puede que tengas una vida feliz en este momento, incluso quizá una vida de amor. O puede ser que vivas con ansias de más. Puede ser que estés en una situación difícil como el poeta que expresó a Dios estas palabras. Cualquiera que sea tu historia, cada uno de nosotros fue creado para un amor más profundo, un amor que solo puede experimentarse en una "amistad en llamas" en la que alguien nos conoce, nos ve, y somos aceptados con todas nuestras imperfecciones y debilidades. Esta clase de amor solo puede experimentarse en una relación con Dios.

CAMBIA TU ENFOQUE:
Descansa en lo que Dios dice de ti

"Te amo". Dos palabras que lo cambian todo. Cuando estas palabras se experimentan mediante una relación con Dios, no solo cambian la manera como nos sentimos ni el día que vivimos, ¡sino que nos cambian desde dentro! Dios quiere que tú experimentes su amor, que te *sientas* amado. Él quiere que bases tu sentido de valía y de pertenencia en Él, no en deseos ni en la expectativa de recibir afirmaciones pasajeras y externas de otras personas, sino en sus palabras. Sus palabras no cambian, no fallan, siempre son relevantes y pertinentes para nuestra vida. El amor de Dios es una invitación a encontrar nuestro sentido más profundo de identidad y nuestro valor en el contexto de una relación con Él.

Lo grandioso acerca de los lenguajes del amor es que funcionan en ambas direcciones. Sin importar cuál sea nuestro principal lenguaje del amor, Dios nos ama de muchas maneras, y nosotros podemos responder a Dios del mismo modo. Damos y recibimos amor, y hay muchas maneras de expresarlo, pero se comunica sobre todo a través de tu principal lenguaje del amor tanto a la hora de dar como de recibir. Quienes tenemos como principal lenguaje del amor *Palabras de afirmación* podemos aprender a expresar amor a Dios, en este caso, por medio de palabras de afirmación que dirigimos a Él. A esto lo llamamos alabanza y adoración.

Inténtalo. Ya sea que nunca hayas "orado" o que la oración ya sea parte de tu vida diaria, intenta decirle a Dios que lo amas. Observa cómo al final tu día es diferente cuando pasas tiempo expresando palabras de afirmación a Dios. Dios habla tu lenguaje del amor. De muchas formas Él te dice que te ama, que eres valioso para Él, que tú importas. ¿Qué pasaría si tú le respondieras con el mismo lenguaje del amor?

En tus tiempos a solas a lo largo del día, cuando estás en el auto, en un ascensor, o simplemente en tu corazón, intenta hablar palabras de afirmación, o alabanza, a Dios. Puedes decirle cosas como "Dios, eres asombroso", "Dios, te amo", "Dios, siempre puedo contar contigo", o "Dios, eres..." (completa tú la frase). Si todavía no tienes el hábito de orar, no te compliques. ¡Dios te escucha! Cuando le hablamos, por lo general llegamos a amarlo más y mejor, y *sentimos* amor al expresarle amor con nuestras palabras. El propósito de la alabanza no es decirle a Dios algo acerca de Él que Él no sepa de antemano. Dios ya sabe lo maravilloso que Él es. Hablamos palabras de afirmación para ayudar a que nuestros corazones se sintonicen con aquello que es verdadero acerca de Él, y cuando lo hacemos *sentimos* su amor en nuestro interior. Una manera como puedes hacerlo es usar el poema anterior, el Salmo 139. Trata de decírselo ahora mismo en voz alta a Dios y observa cómo te sientes. Oír las palabras de afirmación que salen de nuestra boca como una respuesta a Dios nos ayuda a recibir verdaderamente las palabras que Dios nos dirige a nosotros. Y esto nos ayudará a sentir más amor y a dar más amor.

CAPÍTULO 2

Te ve: Tú importas y lo que haces importa

LENGUAJE DEL AMOR: ACTOS DE SERVICIO

UNA NIÑA MIRABA POR LA VENTANA de su habitación el jardín de flores del primer piso. En vez de las begonias que tanto le gustaban, vio malezas que le robaban espacio a las flores de colores rojo y blanco. A ella le encantaba el jardín de su casa y se asustó al verlo tan invadido de fealdad, y decidió tomar cartas en el asunto. Se le ocurrió la idea de sorprender a sus padres arrancando ella sola todas las malezas, de modo que con cubo en mano se inclinó y empezó a arrancar de raíz los intrusos, tal y como su padre le había enseñado. Arrancó y arrancó, esforzándose por no desarraigar las hermosas flores que se entremezclaban con las malezas punzantes y vellosas. Cada vez que arrancaba una, la depositaba en el cubo, que no tardó en llenar. Estaba resuelta, convencida de que ella sola podía conquistar ese terreno y devolver al jardín su majestuosa belleza.

Sin embargo, al cabo de un rato empezó a evaluar su progreso, y se dio cuenta de que no había logrado mucho. Lo poco que había podido despejar era apenas una fracción de un problema mucho más grande. Y donde había arrancado malezas también había dañado las tiernas raíces de las flores que con tanto esfuerzo se proponía salvar. Echando un vistazo al terreno invadido, lanzó un suspiro de derrota al darse cuenta de que el trabajo era demasiado para ella. Abrumada, dejó el cubo a un lado, entró en su casa y se lavó las manos.

En la vida, muchas veces somos como esta niña. Nos esforzamos por lograr un cambio, por embellecer nuestro mundo, solo para darnos cuenta de que los problemas de la vida están demasiado arraigados y extendidos. Con el tiempo, dejamos nuestro cubo a un lado y abandonamos nuestra creencia y nuestra determinación de poder cambiar el mundo.

TE HAS PREGUNTADO SI...

¿Alguna vez te has preguntado si lo que haces cambia algo? ¿Has suspirado en derrota o te has dado cuenta de que tu cubo de malezas ya estaba lleno con los problemas de la vida? Empezamos con gran entusiasmo y el anhelo de ver un cambio, pero en el trajín de la vida nos desanimamos o con frecuencia nos damos por vencidos. Nos preguntamos si nuestras acciones sirven para algo, si alguien nos *ve*. Con el tiempo, empezamos a darnos cuenta de que los problemas de la vida son mucho más grandes y complejos de lo que pensábamos en un principio.

Sin embargo, Dios quiere que tú sepas que Él te ve. Él ve tu gran corazón, Él ve tu deseo de arrancar las malezas de tu vida y del mundo, y Él ve que estás cansado. Él ya sabe que el trabajo es demasiado grande para nosotros, que no nos corresponde cambiar el mundo solos. También quiere que sepas que tus acciones *sí* importan y que *tú* importas. Tú NO eres irrelevante. Nuestras acciones y las intenciones de nuestros corazones son indicadores, son la evidencia de que somos hijos de nuestro Padre celestial. Como la niña en la ventana que deseaba embellecer su casa, nosotros miramos un mundo lleno de malezas y sabemos que no es el estado ideal. La niña reconocía la diferencia entre lo bello y las malezas ásperas y vellosas. Del mismo modo, nosotros conocemos la diferencia entre el mundo tal cual es y el mundo como debería ser.

UNA VIDA QUE LOGRÓ EL CAMBIO

Uno de los grandes héroes de nuestro tiempo es un hombre de cabello corto y anteojos gruesos que fundó una organización no gubernamental para combatir la esclavitud. Gary Haugen ejercía como abogado para el Departamento de Justicia de los Estados Unidos, pero en 1997 dejó su carrera para fundar la International Justice Mission, que se conoce por la sigla IJM. En este momento la organización opera a nivel mundial y, hasta la fecha, ¡ha rescatado a casi 50.000 esclavos! Además, la IJM ha jugado un papel clave en la modificación de leyes y en el entrenamiento de agentes judiciales en todo el mundo. Han ayudado a cambiar las políticas de derechos humanos de los gobiernos extranjeros, ha desarrollado investigaciones de talla mundial acerca del tráfico de personas, y ha enjuiciado a un sinnúmero de criminales. A través de la obra de la IJM, comunidades enteras que estaban bajo el control de redes de tráfico humano ahora prosperan y han quedado libres de toda esclavitud. Existen "jardines de personas", de hecho comunidades enteras, que estaban tan ahogadas por las malezas de injusticia que difícilmente podía vislumbrarse una esperanza futura. Gracias a Gary Haugen y al equipo de la IJM, los tintes blancos y rojos de la esperanza ahora florecen con justicia y belleza en esos lugares de sufrimiento.

Sin embargo, ¿qué habría pasado si Gary Haugen no hubiera actuado? ¿Cómo sería en la actualidad la vida de Jyoti? Jyoti es una de las 50.000 personas cautivas que el equipo de Gary ha logrado liberar de los burdeles y de otras formas de esclavitud. Fue rescatada con apenas seis años de edad. Ella, y muchos otros niños que han sido liberados del tráfico sexual gracias a la labor de la IJM, está floreciendo. La decisión de Gary de dejar una carrera exitosa en el Departamento de Justicia de los Estados Unidos cambió por completo la vida de Jyoti y de su comunidad. Hay un famoso dicho que reza: "Lo único que necesita el mal para triunfar es la pasividad de los buenos". Nadie sabe con certeza quién dijo esto primero, pero es una verdad poderosa.

La pregunta es: ¿Cómo podemos seguir luchando por la justicia, esperando un mundo mejor, trabajando en aras de la rectitud y la belleza cuando estamos tan cansados? ¿Cómo logran hacerlo Gary y su equipo? ¿Acaso ellos no tienen también un cubo lleno de malezas como el nuestro? Los verdaderos problemas de nuestra vida y de nuestro mundo son complejos y profundos, y el trabajo de establecer la justicia y la belleza a menudo lleva al desarraigo de aquello que es bueno. ¿Cómo lograron Gary y su equipo efectuar un cambio?

ACCIONES MOTIVADAS POR EL AMOR

Aquí es donde entra a jugar el amor. Como verás, nuestras acciones *sí* importan, *sí* cambian las cosas, pero nuestras acciones son más poderosas cuando están motivadas por el amor. El amor tiene un poder multiplicativo y exponencial.

El amor transforma nuestro simple deseo de "hacer el bien" en algo real y duradero.

¿Cómo sucede esto? Solo Dios tiene el poder para cambiar nuestras vidas y nuestro mundo, y por medio de nuestra relación de amor con Él, nuestros cubos no rebosan de malezas, y tampoco nos cansamos de buscar la belleza y la justicia cuando lo hacemos de la mano con Él. Eso es exactamente lo que Gary Haugen descubrió cuando fundó la International Justice Mission. Él y su equipo se dieron cuenta desde el principio que necesitaban el poder sobrenatural y exponencial del amor de Dios obrando a través de ellos. Gary y el equipo de la IJM empiezan cada día, en todos los lugares del mundo, expresando su amor a Dios en tiempos concertados de oración. Cada día, en cada lugar del mundo, se detienen en medio de su jornada para elevar oraciones de amor y de adoración a Dios. A través de su compromiso de amor no solo por quienes están marginados y oprimidos, sino también el de amar a Dios, ellos cuentan con el combustible para continuar su misión en un mundo de malezas y cansancio.[1]

> **Nuestras acciones son más poderosas cuando están motivadas por el amor.**

1. Ver Gary A. Haugen, *Good News about Injustice: A Witness of Courage in a Hurting World* (Downers Grove, IL: InterVarsity Press, 2009), 25-31.

El amor, pues, lo cambia todo. No es simplemente algo personal. En la Biblia hay un libro que contiene citas famosas, llamado Proverbios. Una de ellas dice: "El que va tras la justicia y el amor, halla vida, prosperidad y honra".[2] La combinación mágica es justicia *y* amor. ¡Cuando van juntos son insuperables! Sin amor, nuestras acciones carecen de poder sustentador, y con frecuencia nos cansamos, nos enojamos y nos amargamos. En el lenguaje original de este versículo, la palabra "prosperidad" significa "florecer". Así que una persona que combina su fuerte deseo interior de hacer lo bueno y lo justo con amor, encuentra vida, florecimiento y honra. Cuando se combinan los dos, tenemos el poder sustentador que vence a un mundo de malezas y desesperanza. (Observa la conexión entre "florecer" y "flores").

¿Y qué podemos decir de la "honra"? Buscar simultáneamente la justicia y el amor conduce a la honra, el *reconocimiento* del logro. Cuando llevamos vidas de amor en nuestro esfuerzo por restaurar el mundo, los demás nos ven *y* nos conocen. ¿Qué sucedería si en lugar de hacerlo sola, aquella niña y su padre pasaran la tarde arrancando malezas juntos, riendo y animándose mutuamente? ¿Crees que esto habría cambiado la experiencia de la niña cuando se llenó su cubo o cuando se sintió abrumada? Al final del día, estoy segura de

---

2. Proverbios 21:21 (NVI).

que su papá le habría dicho: "¡Qué buen trabajo hiciste!", "¡Lo logramos!" o "¡Bien hecho!". Estas son palabras de honra. Las personas que están motivadas por la justicia a menudo necesitan saber que no son irrelevantes. Necesitan la afirmación de recibir honra, y eso no tiene nada de malo.

HACER EL BIEN

La Biblia nos enseña que llevar una vida de amor y trabajar por construir un mundo más justo *traerá* honra. Cuando vivimos con amor y justicia los demás van a *vernos.* Sin embargo, con frecuencia las personas más motivadas por la justicia no piensan mucho acerca del amor, y las personas que consideran el amor como lo más importante no son las que acostumbran a marchar en las calles o luchar contra las injusticias del sistema. En cambio, cuando las dos se combinan, ¡es como una bomba explosiva! Recuerda que Dios nos ha creado para amar y que experimentamos amor, *nos sentimos* amados realmente, cuando nos aman a través de nuestro principal lenguaje del amor. Nuestro lenguaje del amor nos permite *sentir* amor, experimentar amor en lo profundo de nuestro ser. Con mucha frecuencia, las personas que reciben amor a través de actos de servicio son aquellas a quienes nos apasiona la justicia. Estas personas son por lo general hombres y mujeres orientados a la acción que no se conforman con el statu quo de sufrimiento, marginación y opresión. Como Gary y la niña pequeña, luchan por un mundo restaurado y hermoso. Trabajan por un mundo que saben que *debería* existir, pero *no existe*. En pocas palabras, las personas inclinadas a actos de servicio se empeñan en restaurar las cosas.

TÚ Y LOS ACTOS DE SERVICIO

¿Eres una persona inclinada a actos de servicio? Recuerda que puedes descubrir tu lenguaje del amor de manera gratuita en www.5lovelanguages.com (recurso disponible solo en inglés). Si este lenguaje del amor es el que más te habla, te darás cuenta de que expresas tu interés y preocupación por los demás y por el mundo a tu alrededor mediante acciones. Por otro lado, también experimentas amor a través de lo que otros hacen en tu vida. Interpretas el interés de los demás por ti a través de sus acciones. Según tu manera de pensar, es muy fácil hablar, y es preciso que las personas lleven a la práctica lo que dicen, ofrezcan su ayuda práctica y *hagan* algo concreto. Tú *sientes* el amor de los demás cuando te ven, te reconocen y responden con reciprocidad a través de actos de cuidado e interés.

Las personas que se enfocan en los actos de servicio también tienen por lo general una visión más amplia de la vida. A menudo están dispuestas a invertir su energía en atender las necesidades de otros a nivel político, social y relacional. Quieren arrancar las malezas de todo el jardín. Por eso, a este tipo de persona le molesta la pereza, la falta de compromiso y la pasividad. Esta es una de las maneras como vemos que somos creados por un Dios con una visión global. El Dios de la creación ha organizado todo con una visión completa. Hermosos riachuelos que desembocan en ríos, los ríos que se convierten en lagos y océanos, que alimentan colonias de cada especie hermosa de mamíferos, aves, insectos y criaturas marinas. El Dios de la creación no solo creó animales individuales que andan cada uno por su lado. Existe un equilibrio y una belleza en la creación de Dios y, en el fondo, en la esencia de lo que somos; nosotros lo sabemos y buscamos ese mundo de equilibrio y belleza.

¡NO ERES IRRELEVANTE!

La triste realidad es que nuestro mundo está descompuesto. *Hay* malezas. Se venden niños en burdeles. Las personas son hostiles y no trabajan por el bien del planeta ni del prójimo. Esto molesta a las personas inclinadas a los actos de servicio más que a la mayoría. Por todo nuestro trabajo, a veces nos sentimos irrelevantes, como la niña que logró despejar tan poco en su jardín y quedó con un cubo lleno de malezas. Con el tiempo, renunciamos a nuestros grandes ideales, dejamos tirado el cubo, y nos lavamos las manos. Sin embargo, ¡gracias a nuestra relación con Dios podemos vivir y experimentar el amor *por medio del* trabajo mismo que realizamos! Podemos *sentirnos* amados por medio de la camaradería y el reconocimiento que recibimos de Dios y de otros que también tienen una relación con Él.

Podemos descubrir que no somos irrelevantes y que la obra que realizamos puede ser significativa. Cuando las personas inclinadas a los actos de servicio tratamos de hacerlo todo solos, nuestros cubos se llenan, la tarea parece vana, y nos cansamos y llenamos de amargura. En cambio, ¡cuando combinemos nuestro amor con justicia, como nos dice Proverbios, floreceremos!

> **¡Cuando combinemos nuestro amor con justicia... floreceremos!**

Dios quiere que sepas que tú *sí* importas, que tu vida es relevante. Él quiere que sepas que tus acciones *pueden* transformar la realidad cuando están motivadas por el amor. Como puedes ver, hemos sido creados para transformar las cosas, para mover al mundo a buscar una relación con Dios. Él no nos creó para sentarnos debajo de un árbol y dejar todo como está. Dios no creó espectadores, sino hijos e hijas que trabajen hombro a hombro con Él en amor, instaurando un mundo de belleza, un mundo donde nos empeñemos por restaurar las cosas.

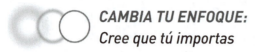

CAMBIA TU ENFOQUE:
Cree que tú importas

Cuando hablamos acerca de Dios, es importante comprender que no nos referimos a una idea que hayamos inventado. Hablamos del Dios que creó los mares que rugen y están llenos de cosas asombrosas, que cubrió las cimas de las montañas con nieve que se arremolina, y llenó el mundo de hermosos hijos que rebosan de esperanza y gozo. Dios es real. Él se nos ha dado a conocer de tres maneras específicas. Primero, a través del mundo que ha creado. El Dios que lo hizo todo y está comprometido con cada aspecto de su creación también está comprometido íntimamente contigo. ¡Dios te ve, tú *no* eres invisible para Él!

La segunda manera en la que Dios se nos ha revelado es por medio de la Biblia, donde vemos la gran historia de Dios desde la creación hasta el fin de los tiempos. En esa historia vemos y aprendemos que Dios tiene un plan para el mundo y para nosotros. Dios está en el proceso de restaurar todo de nuevo, de rescatar lo que se ha perdido. Dios va a eliminar las malezas del jardín, va a rectificar todo y hará todo hermoso otra vez. Por medio de la palabra de Dios para nosotros en la Biblia conocemos su amor y sabemos cómo podemos experimentar su revelación suprema para nosotros: su

Hijo, Jesús. Jesús vino al mundo a revelar el amor de Dios y a proveer el medio para que pudiéramos vivir en ese amor. Jesús es la personificación misma de nuestro lenguaje del amor, porque en Él y por medio de Él podemos experimentar una profundidad de amor que no es posible a través de ningún otro medio.

Medita en las palabras de Jesús y cómo hablan el lenguaje del amor de *Actos de servicio*: "Consideren los lirios, cómo crecen; no trabajan ni hilan. Pero les digo que ni Salomón en toda su gloria se vistió como uno de estos. Y si Dios viste así la hierba del campo, que hoy es y mañana es echada al horno, ¡cuánto más *hará* por ustedes, hombres de poca fe!".[3]

Salomón fue un rey extremadamente rico de la antigüedad. Jesús dirigió estas palabras a personas que no se sentían muy importantes y que no tenían mucho. Él les estaba dando esperanza.

Aunque no "trabajes ni hiles" (como un telar que fabrica ropa), tú eres valioso para Dios. Él te ve, te conoce y se interesa por ti. Sea cual sea tu obra, es posible que a ti te parezca algo insignificante en el mundo. Puede que pienses que solo tienes valor si logras algo, si estás ocupado

---

3. Lucas 12:27-28.

con un gran cubo, arrancando malezas y haciendo cosas importantes. Sin embargo, las palabras de Jesús en este pasaje demuestran el profundo amor de Dios por ti y lo mucho que le importas. Él "nos viste" de esplendor como un campo de flores silvestres. ¿Alguna vez te has vestido literalmente "de esplendor"? Tal vez fue para una ocasión especial como una graduación o una boda, un día conmemorativo o celebración. Tal vez fue para una fiesta o sesión fotográfica. Vestirse elegante es un acontecimiento especial, una celebración. Cuando vivimos una relación de amor con Dios, Él nos ve y nos honra vistiéndonos con un esplendor que supera al de las flores del campo.

Cuando experimentes su amor, Dios quiere que tú sientas que Él te ve. Él quiere que tú encuentres en Él tu sentido de propósito y de logro más grandes no mediante el trabajo arduo, sino viviendo una vida de amor. Dios tiene una visión más amplia que simplemente corregir errores. Él está obrando para vestirnos a nosotros, y al resto del mundo, de esplendor y belleza. La visión más amplia puede hacerse realidad en tu vida y por medio de tus acciones cuando el amor y la justicia van de la mano.

Ahora, tal vez algunos de ustedes puedan identificar un momento preciso en sus vidas cuando experimentaron el amor de Dios. Han tomado la decisión de creer que Dios los ha vestido de justicia. Tal vez te consideras ya un seguidor de Jesús, un creyente en Dios, una persona que ha sido vestida de esplendor, pero no es así como te sientes. Tal vez tengas encima de ti una especie de neblina, una oscuridad que te impida vivir en el gozo y el propósito del amor de Dios. Existen muchas razones por las cuales nos sucede esto con el tiempo. Es frecuente que poco a poco nos apartemos del amor de Dios y nos inclinemos a las cosas inmediatas que nos permiten sobrellevar el día a día. A veces estas cosas son relaciones perjudiciales, el alivio pasajero de los placeres físicos, las adicciones, los hábitos o simplemente la derrota. Todos pasamos por períodos en nuestra vida cuando resulta más fácil tomar la vía del placer que el camino esforzado del amor.

Para muchas personas que han decidido ya vivir en el amor de Dios, de vez en cuando nos damos cuenta de que necesitamos un nuevo comienzo. Algunas personas lo llaman "rededicación", un momento de decisión cuando reconocemos que nos hemos apartado del amor y confesamos nuestra necesidad de volver a experimentar la presencia y el poder de Dios en nuestra vida. Si ese es tu caso, podrías ahora simplemente decir a Dios estas palabras en voz alta:

"Dios, quiero vivir en tu amor. Perdóname por las maneras como me he apartado de una vida de amor. Te pido que vuelvas a ser el centro de mi vida. Lléname de tu gozo y libérame de todo lo que me impide conocerte".

CAPÍTULO 3

Tú vales: El regalo de la aceptación

LENGUAJE DEL AMOR: RECIBIR REGALOS

CRISTINA ESTUVO OCUPADA TODO EL DÍA preparando bocadillos especiales, escogiendo canciones para una lista selecta de reproducción y decorando su apartamento para otra fiesta. No se trataba de cualquier celebración. Las fiestas de Cristina eran las favoritas de sus amigos, que se consideraban afortunados de ser invitados. Las fiestas de Cristina eran a otro nivel, con su impecable atención a los detalles y la previsión minuciosa de cada necesidad de sus invitados. Sobre todo, para cada ocasión Cristina ideaba cuidadosamente un "detalle de la fiesta" sencillo y económico para cada uno de sus invitados. Como si las fiestas no fueran suficientes, Cristina era famosa por despedir siempre a sus invitados con un regalo: una fotografía de la noche enmarcada, una copa con un motivo decorativo de temporada, unos calentadores de bolsillo para el frío regreso a casa... Sus detalles eran siempre bien pensados, sinceros y un reflejo de ella misma. Esa era la manera como Cristina expresaba el amor a las personas que eran importantes para ella.

Sin embargo, a pesar de toda la diversión, Cristina nunca recibía de aquellas fiestas lo que había invertido. Sus regalos siempre eran bien recibidos, y le agradecían con palabras de afirmación, abrazos y promesas de tiempo de calidad con una taza de café, pero ella rara vez *sentía* su amor correspondido. Anhelaba sentirse amada del mismo modo que ella trataba de amar a quienes la rodeaban.

Este ciclo de dar y no recibir nada a cambio alcanzó un punto crítico durante una fiesta navideña donde Cristina dio lo mejor de sí. Todo estaba organizado e impecable, mejor incluso que los estándares de un organizador de fiestas profesional. Los invitados empezaron a llegar en trajes festivos y divertidos, rebosantes de alegría. Esta vez, los famosos regalos de Cristina fueron repartidos a la *llegada*, no a la salida. La comida fue perfecta, la música fue perfecta, los regalos fueron perfectos. Sin embargo, al cabo de un rato, Cristina terminó sentada en el pasillo fuera de su apartamento, escuchando a lo lejos la risa de sus invitados en su propia fiesta. Se preguntaba si ellos iban a notar siquiera su ausencia. Cristina se sintió como una invitada indeseada en su propia casa, pero ¿por qué? Ella no sentía un vínculo con esas personas, no se *sentía* amada de manera recíproca. En aquel pasillo, completamente sola, una ola de enojo, miedo, amargura y desesperanza la embargó. "¿Por qué no recibo regalos como los que doy?", "¿Las personas simplemente me usan?", "¿Acaso no aprecian lo que les doy?", "¿Qué estoy haciendo mal?".

LO QUE LOS REGALOS HACEN, Y NO HACEN, POR NOSOTROS

Las luchas de Cristina no son infrecuentes. Ella es una "dadora de regalos", una persona que experimenta amor dando y recibiendo regalos. Este tercer lenguaje del amor lo hablan las personas que florecen con el cuidado y el cariño expresado mediante regalos. Nos sentimos valiosos y valorados cuando nos lo demuestran por medio del cuidado expresado en regalos. Los dadores de regalos anhelan sentirse valiosos dando y recibiendo regalos. No se trata tanto del regalo que se ofrece como tal, sino de lo que ese regalo significa. Para los dadores de regalos, dar y recibir el regalo o el detalle perfecto son la demostración de que alguien nos conoce, nos valora y que somos importantes. El acto de sacrificio y la inversión que supone dar un regalo acertado es sagrado, mientras que un regalo descuidado, el olvido de un cumpleaños o un aniversario, o la falta de reciprocidad, pueden ser desastrosos para las relaciones de quienes son dadores de regalos. Por eso Cristina se sentía aislada y sola, despreciada y sin amor. El problema para Cristina es que aunque sus invitados trataban de agradecerle y responder con reciprocidad, nadie podía hacerlo al nivel de excelencia de ella.

Piénsalo de la siguiente manera. Cuando eres tú quien invita a la fiesta, tú tienes el control y fijas la norma. Esto es cierto para cualquiera de nosotros, sin importar que seamos introvertidos o extrovertidos. Y esas normas pueden ser difíciles de alcanzar. En cierto sentido, Cristina prodigó tal atención a sus amigos que era difícil para ellos corresponder al mismo nivel. En otro sentido, Cristina sufría ese sentimiento de estar "solo entre la multitud" que muchos experimentamos de vez en cuando.

> Cristina sufría ese sentimiento de estar "solo entre la multitud" que muchos experimentamos de vez en cuando.

La realidad es que Cristina está buscando amor en el lugar equivocado. Ella ha definido su valor por medio de relaciones que se miden por regalos, atenciones y la frecuencia de las reuniones sociales.

Sin embargo, la pregunta para Cristina es: "¿Quién soy
los demás?". Las atenciones y el afecto expresado por m
de regalos son la medida que ella ha fijado para su valor y
pertenencia… pero ¿qué si hay otro camino?

EL GOZO, LA CELEBRACIÓN Y EL ACTO DE DAR

Tal vez tu lenguaje del amor se exprese, en parte, por medio
de los regalos. En ese caso, es posible que, en cierto modo,
el círculo vicioso de Cristina sea también tu realidad. Dios
quiere que sepas que tú vales y que tú le perteneces a Él, y
ese es el gran regalo de Dios para ti. Tú le "perteneces" a Dios
como un regalo. Tú no tienes que esforzarte por impresionar
a Dios, no tienes que tener el apartamento perfectamente
decorado ni la mejor lista de canciones sonando para que
Dios venga a tu corazón. Desde siempre Dios ha querido
pertenecerte y que tú le pertenezcas a Él. Parte del deseo de
dar que existe en todos nosotros se debe a que hemos sido
creados a imagen de un Dios dador de regalos. Su naturaleza
y su esencia es amar, y no puede existir una verdadera experiencia de amor sin el acto de dar.

Por este motivo es tan emocionante una relación con Dios:
¡Damos y recibimos sin cesar! Una relación con Dios no se
trata principalmente de normas y expectativas, rituales y jerga
religiosa. Se trata del gozo y de la celebración que se expresan

ʌcibir. Recuerda que el Dios que lo creó ʌle manera íntima en tu vida. Y Él lo demuestra amándonos, aun cuando no somos perfectos o cuando por causa de lo que hemos hecho, dejado de hacer o ser, a otros les resulte difícil amarnos.

ʌeseo de dar ʌiste en todos ʌtros se debe a que hemos sido creados a imagen de un Dios dador de regalos.

Una de las historias más famosas que contó Jesús es la historia de un hijo que le rompe el corazón a su padre.

Después de una vida de entregar a su hijo amor, honra, respeto y toda la seguridad que el dinero puede comprar, el hijo empaca todas sus pertenencias y se va a vivir una vida de placer y de fiestas. Le da la espalda a su padre, al negocio familiar, a su hermano y a todas las grandes tradiciones y legados familiares. Anhelaba una vida diferente, vivir la experiencia de la cultura de las fiestas de un pueblo extranjero, y logra cumplir su deseo. Con todo lo que tenía, gasta su tiempo y su dinero en borracheras y orgías, hasta que lo pierde todo. Al final, termina experimentando lo exótico de la cultura o, más bien, hambriento, alimentando cerdos. Aunque no le interesaba en absoluto tener una relación con su padre, empieza a pensar que los obreros que trabajaban para él en su propia hacienda familiar al menos tenían lo suficiente para comer. Planea regresar a su padre como jornalero y toma el camino largo de regreso a la hacienda. La historia sigue:

> Cuando todavía estaba lejos, su padre lo vio y sintió compasión *por él*, y corrió, se echó sobre su cuello y lo besó. Y el hijo le dijo: "Padre, he pecado contra el cielo y ante ti; ya no soy digno de ser llamado hijo tuyo". Pero el padre dijo a sus siervos: "Pronto; traigan la mejor ropa y vístanlo; pónganle un anillo en su mano y sandalias en los pies. Traigan el becerro engordado, máten*lo*, y comamos y regocijémonos; porque este hijo mío estaba muerto y ha vuelto a la vida; estaba perdido y ha sido hallado". Y comenzaron a regocijarse.[1]

EN NUESTRO PEOR MOMENTO

El hijo, al darse cuenta de su situación, usa un término religioso que ha perdido su significado en la cultura actual: pecado. Reconoce que "ha pecado contra el cielo" y contra su padre. Este hijo ha hecho muchas cosas malas: rompió el corazón de su padre, desperdició su herencia, le dio la espalda

---

1. Lucas 15:20a-24.

a su hermano y a la empresa familiar, avergonzó el nombre de su familia con su reputación de hombre licencioso. Sin embargo, el pecado cala mucho más hondo que el sufrimiento que causa. El pecado es algo que está en nuestro interior, un impulso profundo dentro de nosotros que motiva las cosas que hacemos. El pecado es como una enfermedad, un cáncer de nuestra alma, y aunque algunas personas logran ocultar ese cáncer con éxito, tarde o temprano sale a la luz. Aparece en un estallido de enojo, cuando fantaseamos con hacerle daño a otros o con usarlos para nuestro propio placer. Aparece cuando tomamos lo que no es nuestro, mentimos a otros, y los despedazamos con nuestros comentarios crueles y publicaciones en línea. Estas acciones son producto del pecado, síntomas del cáncer que nos corroe desde dentro.

La enfermedad del pecado tiene sus síntomas... pero también el amor.

El amor es algo en lo profundo de nuestro ser que anhela lo bello y que todo esté en orden. Y, gracias al amor y al perdón insondables de Dios, podemos liberarnos del cautiverio del pecado. Eso es lo que vemos en esta historia.

Movido por el amor a su hijo, tan pronto lo ve, el padre se llenó de compasión y se puso en acción. El padre considera el regreso de su hijo como una segunda oportunidad, como si su hijo que estaba como muerto hubiera regresado a la vida. ¿Cuál es la respuesta del padre? Una fiesta con regalos extremadamente especiales y simbólicos. Los regalos que el padre le ofrece a su hijo no son solo posesiones materiales, sino que representan una relación. El anillo era un anillo especial que representaba el poder de la familia para ejecutar transacciones financieras y contractuales. La ropa diferenciaba al hijo de los jornaleros y empleados, constituía una señal de su pertenencia familiar, de que era un miembro de la familia. El becerro engordado era un animal especial reservado por lo general a las festividades cuando se reunían la familia y los amigos. El padre expresa su amor por medio de una celebración, del gozo y de regalos especiales y significativos. "¡Comamos y regocijémonos!". Estas son las palabras de un dador de regalos que rebosa de gozo, y es *exactamente* la manera en que Dios ve la posibilidad de tener una relación contigo.

RECIBIR LO QUE NO MERECEMOS

Lo que hace esta historia tan increíble es que el hijo no merecía las cosas que recibió. Más bien el hijo debería haber recibido lo contrario. Si nosotros estuviéramos escribiendo la historia, habríamos hecho sufrir al hijo, al menos un poco, para darle su lección. Como obligarlo a dormir en el granero. Si nosotros hubiéramos escrito la historia, lo habríamos obligado a pagar lo que despilfarró. O quizás nos habríamos negado a recibirlo. La historia desafía el sentido común porque plantea una idea diferente que hemos perdido de vista en la sociedad moderna: la gracia. En la Biblia, la gracia se evidencia en las expresiones de amor de Dios. Estas expresiones del amor de Dios por nosotros nada tienen que ver con que seamos o no dignos de ellas. De hecho, por regla general la gracia nos es dada bajo la premisa de nuestra indignidad. Recibimos estos regalos no sobre la base de algún logro de nuestra parte, sino simplemente porque Dios desea darlos. Gracia. La gracia nos dice que somos valiosos y que pertenecemos. Gracia. La gracia confunde porque el mundo y cada fibra de nuestro ser nos dicen que nuestro valor está ligado a lo que podemos aportar a la fiesta. Creemos que pertenecemos solo cuando tenemos algo que aportar… pero el amor de Dios no funciona así. Dios te ama. Dios expresa ese amor por medio del regalo de la gracia. Él dice: "Comamos y regocijémonos".

> **Creemos que pertenecemos solo cuando tenemos algo que aportar… pero el amor de Dios no funciona así.**

CAMBIA TU ENFOQUE:
Vuelve a Dios

Puede que Cristina haya tenido que ganarse con esfuerzo el aprecio de sus amigos. Puede que tú sientas la misma presión. Sin embargo, así no funciona una relación con Dios. Dios es el que nos invita a una relación, a festejar y a celebrar. Dios nos ha creado para dar *y* recibir, para una relación con Dios que produzca gozo en nuestro interior por medio del intercambio que experimentamos en una relación de amor con Él. Aprendemos a amar en ese proceso de dar y recibir, de entregar y abrazar. ¡Allí reside el gozo, en el intercambio!

El gozo y la celebración ocupan un lugar central en el plan de Dios para ti y para el mundo. ¿Cómo empezamos una relación con Dios? Cuando *regresamos.* El hijo volvió en sí y regresó a su padre. Hacemos esto cuando nos damos cuenta de que solo Dios puede darnos lo que necesitamos con tanta urgencia: amor. Recibimos amor como un regalo de la gracia de Dios. Dios nos ama. Él nos dice que somos valiosos, que le pertenecemos y tenemos un lugar en su mesa. La Biblia está llena de ilustraciones similares, pero ninguna es tan conocida como ese solo versículo que alcanzó la fama en los estadios de fútbol americano en los Estados Unidos. Juan 3:16-17 dice: "Porque de tal manera amó Dios al mundo, que dio a Su

Hijo unigénito, para que todo aquel que cree en Él, no se pierda, sino que tenga vida eterna. Porque Dios no envió a Su Hijo al mundo para juzgar al mundo, sino para que el mundo sea salvo por Él". Intenta una vez más poner tu nombre en estos versículos y vuelve a leer el regalo de la gracia de Dios para ti. Dios ama al mundo y te ama a ti.

Juan 3 nos dice que el amor de Dios se expresa por medio del regalo de su Hijo, Jesús. Jesús es el regalo supremo de Dios para nosotros porque Jesús nos salva del castigo de perecer y nos da vida eterna. Jesús puede mostrarnos una mejor forma de vivir. Por medio de Jesús podemos integrarnos a la familia de Dios y vestirnos del esplendor de la familia. Por medio de Jesús, nuestras almas pueden saciarse de lo único que puede satisfacernos verdaderamente: amor.

DAR EL PRIMER PASO

Tú puedes volver a Dios creyendo que Dios es bueno, que Él te ama, y que tú lo *necesitas*. En Jesús, Dios nos ofreció el camino para hacerlo posible. Cuando Dios entregó a Jesús al mundo, Él lo dio sabiendo que iba a ser ejecutado, crucificado y sepultado en nuestro lugar. Aun así, Él nos dio a Jesús. Jesús murió nuestra muerte para pagar el castigo de nuestra falta de amor, de haberle dado la espalda a Dios, y de todo el mal que hemos hecho a otros y a nosotros mismos. Dios simplemente ama, incluso en nuestros peores momentos.

Hay algo igualmente importante: Después de ser ejecutado, Jesús volvió a la vida. De eso se trata la historia de la Pascua. Por eso comemos y festejamos cada año que Jesús salió del sepulcro y venció la muerte. Este es el mensaje más fundamental y trascendental de la Biblia, algo que denominamos "el evangelio", que significa buenas noticias. Podemos experimentar la gracia de Dios abrazando esta sencilla verdad. Se puede empezar de nuevo, por así decirlo, "volviendo en sí" y regresando a nuestro Padre celestial que anhela vestirnos y alimentarnos con Jesús. En términos prácticos, hacemos esto cuando… *pedimos*. El hijo que regresó a su padre terrenal experimentó un amor radical e inesperado que se expresó por medio de la misericordia y la gracia. Por eso dijo con lágrimas: "Padre, he pecado contra el cielo y ante ti; ya no soy digno de ser llamado hijo tuyo". El hijo reconoce su falta, y esto le abre el camino para recibir la gracia y la misericordia del amor de su padre.

EN UNA VIDA DE AMOR

Tú también puedes hacerlo. Dios espera recibirte y ofrecerte el regalo más grande que Él puede darte: ¡una vida nueva por medio de su Hijo Jesús! ¿Quieres regresar a la fiesta, pertenecer realmente y encontrar tu valor por medio de una relación de amor? Si es así, considera decir estas palabras en voz alta a tu Padre celestial. Él te ve, Él te ama, y Él anhela recibirte de vuelta.

"Padre, me he alejado de ti. Perdóname. He hecho cosas que no debía y no he hecho aquello que sabía en mi corazón que era lo correcto. Quiero regresar y recibir tu gran regalo de Jesús. Creo que Jesús murió mi muerte. Creo que Él se levantó del sepulcro. Ven a mi vida y guíame. Ayúdame a seguirte en una vida de amor. Amén".

CAPÍTULO 4

Le perteneces:
El abrazo de Dios

LENGUAJE DEL AMOR: CONTACTO FÍSICO

¿CUÁNDO FUE LA ÚLTIMA VEZ que alguien te tocó y fue una experiencia positiva?

El contacto físico es poderoso. Sabemos que la interacción táctil es esencial para el desarrollo cerebral de los bebés, y que, cuando no la reciben, los bebés pueden desarrollar toda clase de desórdenes y sufrir deficiencias mentales y emocionales. La necesidad del contacto físico está programada en nuestra alma, y su carencia, con el tiempo, nos roba parte de nuestra humanidad.

En esta era de conexión virtual, el contacto físico real y concreto puede parecer una rareza. Con todo, no es un asunto de fácil manejo. Vivimos en un mundo que ansía y, a la vez, rehúye el contacto físico. Lo que puede parecer un abrazo o palmada amigable es en realidad una insinuación sexual o, peor aún, una forma de abuso. Un gesto que busca dar la bienvenida puede ser malinterpretado como una transgresión. Aunque el contacto físico es más complicado que nunca antes, tanto darlo como recibirlo, es algo para lo cual fuimos diseñados y que todos ansiamos. Pregúntale, por ejemplo, a Guillermo.

> **Vivimos en un mundo que ansía y, a la vez, rehúye el contacto físico.**

Guillermo es un veterano de guerra alcohólico y sin hogar que vive en un parque con sus posesiones terrenales empacadas en un carrito de supermercado. Guillermo no recuerda la última vez que alguien lo tocó de manera positiva, mucho menos la última vez que alguien lo abrazó físicamente, lo estrechó entre sus brazos, lo rodeó con sus brazos.

El abrazo es una forma de contacto físico que derrite nuestro corazón y nos comunica que realmente le pertenecemos a alguien. Es probable que no exista una mejor imagen de lo que significa un abrazo que cuando sucede entre una niña y su padre. Nos la imaginamos corriendo a toda prisa y lanzándose en sus brazos con una mirada de gozo y confianza mientras lo aprieta.

Sin embargo, para Guillermo había pasado tanto tiempo que ya había olvidado por completo esa clase de experiencia. En un estado letárgico, los días de Guillermo transcurren en el parque pidiendo dinero a las familias y los amantes que se pasean de la mano. No sorprende que el dinero que recibe sea con frecuencia una especie de pago para no tener que interactuar con él. Las personas arrojan dinero en sus manos sin mirarlo a los ojos. Muchos cruzan el parque por el lado opuesto donde se encuentra Guillermo para evitar pagar su cuota. Guillermo y todos los Guillermos de nuestro mundo son los indeseables e intocables de nuestro tiempo. Son personas que han olvidado lo que se siente cuando alguien las abrace, lo que es pertenecer realmente a otra persona. Aunque esto es evidente en las personas sin hogar, la realidad es que estamos rodeados de millones de personas que están sufriendo la privación de contacto físico.

Por ejemplo, en muchos casos los solteros rara vez reciben afecto físico. Para muchos solteros, conformarse con el contacto físico inapropiado o con encuentros sexuales carentes de significado en nada ayudan a llenar el vacío de sus corazones que solo puede llenarse con un abrazo transformador. Con frecuencia, los ancianos ansían el contacto físico que solían dar por descontado y que desaparece con el fallecimiento de su pareja o el cambio de domicilio lejos de familiares o amigos en su avanzada edad. La realidad es que vivimos en una tierra seca y sedienta donde el contacto físico gratificante y apropiado casi ha desaparecido por completo.

LO MEJOR (Y LO PEOR) DE NUESTRA NECESIDAD DE CONTACTO FÍSICO

El contacto físico es más que una sensación táctil. Es una de las maneras más poderosas por las que llegamos a saber que pertenecemos a alguien. Por todas partes encontramos personas que no pueden recordar la última vez que experimentaron un abrazo sincero. En un abrazo verdadero y sentido alguien nos aprieta con fuerza, nos sostiene con una actitud entusiasta, nos sujeta con un sentir que no necesita palabras. Esta experiencia nos permite entender que pertenecemos, que tenemos un lugar en presencia de alguien. Las personas que hablan el lenguaje del amor del *Contacto físico* son muy conscientes de esto. Abrazos, palmaditas en la espalda, sujetar las manos, toques de ternura y otras expresiones son la manera como ellas anhelan dar y recibir amor en un lenguaje físico. Para ellos, el contacto físico demuestra pertenencia, interés y amor. Para quienes amamos a través del tacto, el abrazo no es simplemente agradable, es crucial, y sin él queda un vacío que nada más puede llenar. Para todas las personas, el contacto físico debe propiciar un sentido de seguridad y de pertenencia en nuestras relaciones. Es uno de los ingredientes esenciales para una vida bien vivida, una vida plena que florece.

Sin embargo, el contacto físico es una de las maneras más habituales en las que se causa daño o se sufre daño. Ya sea en forma de abuso sexual, acoso, maltrato físico o intimidación física, el contacto físico está más asociado con daño que con una experiencia positiva. Por eso es complicado pensar acerca de experimentar el amor con los demás y con Dios a través de lo táctil. Aun así, hemos sido creados para el contacto físico y lo ansiamos desde lo profundo de nuestro ser. Ya sea que hayamos sido heridos profundamente por contacto inadecuado o que estemos desesperados por carecer de él, como en el caso de Guillermo, una cosa es cierta: *Todos necesitamos un abrazo.*

Es indudable que recibir un abrazo restaura nuestra alma, nos libera del aislamiento, el miedo, la soledad y la desesperanza. Esto lo sabemos desde pequeños, la primera vez que tenemos una pesadilla o que vemos monstruos en nuestra alcoba oscura, lloramos y anhelamos que nos abrace una madre o un padre amoroso. Recibir un abrazo es definitivamente esencial para nuestro sentido de bienestar. Las buenas noticias es que sin importar cuál haya sido tu experiencia relacionada con el contacto físico, ya sea que te hayan lastimado o que anheles recibir más, hay un tipo de abrazo que podemos recibir de Dios, el cual nos llena y nos convence en el fondo de nuestro ser que le pertenecemos.

DIOS SE MANIFIESTA EN MOMENTOS
DE DESESPERACIÓN

A lo largo de la historia, Dios se ha dado a conocer de muchas maneras. Algunas han sido espectaculares y otras bastante veladas a la gran mayoría de personas. Parece que, cuando más lo necesitamos, Dios se revela y nos permite "sentir" su amor. Hay un libro de la Biblia llamado Jeremías, que relata un período en el cual el pueblo de Dios se encontraba en una situación desesperada. Estaban en medio de una crisis y necesitaban "sentir" a Dios, conocer en lo profundo de su ser que Él estaba con ellos. Estaban a punto de perder una guerra y de ser capturados y transportados a una tierra extranjera para servir a la gran potencia de la época. Si bien las circunstancias de esta derrota y cautiverio eran increíblemente complejas, una cosa era segura: Las personas que acudían a Dios necesitaban saber que, a pesar de todo, le pertenecían a Él, y que Él estaría con ellas en ese momento y en su cautividad.

Cuando el pueblo está en su punto más crítico y a punto de perder la esperanza, recordó esto: "Hace tiempo el Señor le dijo a Israel: 'Yo te he amado, pueblo mío, con un amor eterno. Con amor inagotable te acerqué a mí'".[1] Dios les recuerda que Él siempre los ha amado de manera especial,

---

1. Jeremías 31:3 (NTV).

con un amor eterno. Además, dice que los ha "acercado" a Él con amor inagotable. Dios nunca les ha fallado, sino que los ha acercado, lo cual en sentido literal significa encaminarlos con cercanía. Siempre han sido guiados por el abrazo bondadoso que nunca faltó, y Dios deja claro durante este tiempo de crisis que Él los dirigirá personalmente hacia el futuro. Esto es lo que significa recibir el abrazo de Dios. Y Él lo hace siempre en el momento justo.

EL ABRAZO DEFINITIVO

En este preciso momento de tu vida, Dios te está "abrazando", ya sea que lo sepas o no. Dios te está abrazando, apretando, acercándote y guiándote con su inagotable amor. Puede que no siempre estés buscando ese abrazo, pero sí lo estás recibiendo. Dios ha venido corriendo hacia nosotros, se ha lanzado a abrazarnos y a colmarnos de bondad y amor. Recibir el abrazo definitivo de Dios es una experiencia transformadora y podemos sentirla en lo más profundo de nuestro ser.

> En este preciso momento de tu vida, Dios te está "abrazando", ya sea que lo sepas o no.

Nunca olvidaré cuando me desperté (habla York) con

dolor en mis huesos después de pasar otra noche en una camioneta fría durante una temporada que pasé sin hogar. Con mis padres habíamos estado viviendo en un parque en pleno otoño, comiendo solo cereal durante días. Estábamos desesperados. Y, aunque no estábamos buscando un abrazo de Dios, yo en lo personal anhelaba encontrar la esperanza de que algún día todo cambiara. Había una gruesa capa de escarcha en el parabrisas del auto, e intensos rayos de luz empezaron a atravesar los árboles y derritieron la escarcha. En poco tiempo un hermoso rocío se desprendió del vidrio y los rayos de luz atravesaron la oscuridad y el frío húmedo de la camioneta. En ese preciso instante de mi infancia, toda la certeza que tenía en el ateísmo de mis padres se desvaneció. Fue como recibir un abrazo literal de Dios, o al menos del universo.

En retrospectiva, creo que fue en ese momento cuando la presencia misma de Dios invadió las circunstancias de mi vida y yo me sentí rodeado en el abrazo cálido de un Dios que me amaba y que deseaba cambiar mis circunstancias. Hay momentos en los que cada uno de nosotros necesita un abrazo de Dios, en especial durante momentos de soledad, desesperanza, pérdida y duelo, y temor.

Volvamos a la historia de Jeremías y el pueblo en momentos de desesperación. A quienes enfrentaban ese tiempo de crisis, Dios continúa diciendo:

Yo los traigo del país del norte,
Y los reuniré de los confines de la tierra,
Entre ellos los ciegos y los cojos,
La mujer encinta y también la que está dando a luz.
Una gran compañía volverá acá.
Con llanto vendrán,
Y entre súplicas los guiaré.
Los haré andar junto a arroyos de aguas,
por camino derecho en el cual no tropezarán.[2]

Tras perder la guerra y ser llevados a una tierra que parecía estar al otro lado del mundo, Dios promete guiarlos con su abrazo, especialmente a los más necesitados. Al ciego, al cojo, a las madres que dan a luz, ¡una muchedumbre de gente herida y desamparada! Esta es la clase de personas a quienes Dios concede especial atención, aquellos que más necesitan un abrazo. Ellos derramarán lágrimas de gozo, orando mientras Dios los restaura en un lugar seguro, junto a corrientes de aguas en caminos derechos donde no tropezarán.

¿Sientes que necesitas un abrazo de Dios? ¿Te sientes como el ciego, el cojo y el débil del que habla Jeremías en este pasaje? Estas son las buenas noticias: El amor de Dios es bondadoso, no falla, y Él te está abrazando, incluso ahora mismo.

---

2. Jeremías 31:8–9a.

CAMBIA TU ENFOQUE:
Tú tienes un lugar en el corazón de Dios

¿Qué hacemos entonces cuando recibimos un abrazo de Dios? ¡ABRAZARLO DE VUELTA! Eso fue lo que hizo el pueblo en tiempos de Jeremías, "volvieron" con llanto y súplicas. Abrazamos a Dios cuando respondemos a su presencia. Dios nos ha creado con la necesidad profunda del contacto físico porque es así también como Él quiere ser amado. Podemos tocar a Dios y ser tocados por Él cuando recibimos su abrazo y respondemos con nuestro abrazo a Él. Lo hacemos por medio de lo que denominamos "adoración". Es más poderoso que un abrazo físico, porque el abrazo de Dios se siente en lo más profundo de nuestro ser cuando lo adoramos. ¡La adoración es el principal medio como podemos experimentar el toque físico de un Dios invisible! Así fue como respondió el pueblo a Dios según el relato de Jeremías: "Griten con alegría por Jacob, y den voces por la primera de las naciones. Proclamen, den alabanza, y digan: 'Oh Señor, salva a Tu pueblo, al remanente de Israel'".[3] Como respuesta al abrazo de Dios, el pueblo lo abrazó a Él por medio de la adoración.

Dios quiere que tú sepas, en lo más hondo de tu ser, que tú le perteneces. ¡Tienes un lugar en su mundo y

---

3. Jeremías 31:7.

en su corazón! Él también quiere que tú le respondas a Él. ¿Alguna vez has dado un abrazo y, en medio de ese abrazo, sentiste que dabas, pero no recibías lo mismo de vuelta? ¿Sentiste que la otra persona no estaba respondiendo realmente a tu gesto? La mayoría de nosotros ha experimentado esto. Ahora bien, nunca podemos sobrepasar a Dios en sus abrazos, pero sí podemos responder de manera acorde. El pueblo de Dios lo abraza por medio de la adoración. La adoración es más que cantar y orar, pero definitivamente incluye estas dos actividades. Adoramos a Dios por medio de nuestro trabajo, nuestras actitudes, la manera como tratamos a otros, como invertimos nuestro tiempo y nuestro dinero; todo en nuestra vida puede y debería ser un acto de adoración.

Dicho esto, la adoración en su expresión más sencilla es simplemente abrazar a Dios como respuesta al abrazo que Él nos da. El lenguaje del amor del *Contacto físico* ciertamente incluye el contacto entre personas y el contacto físico, pero existe una manera mucho más profunda de llenar nuestro tanque. El abrazo puede transformarnos por medio de la adoración significativa. Podemos físicamente abrazar a Dios involucrando nuestro cuerpo en esta adoración. Podemos usar las palabras de nuestra boca para decirle a Dios físicamente que también lo amamos. Podemos cantarle. Podemos aplaudir, saltar, e incluso lanzar un grito, ¡o más! Involucrar nuestro cuerpo como respuesta al amor de Dios nos permite "sentir" el abrazo de Dios, un abrazo que es verdaderamente transformador. Cuando "sentimos" a Dios por medio de la adoración, experimentamos una profunda convicción de que verdaderamente le pertenecemos.

EL TOQUE PARA EL CUAL FUIMOS CREADOS

Experimentar el abrazo de Dios nos permite salir del aislamiento y la incertidumbre, y experimentar la certeza de nuestra pertenencia. Podemos atravesar momentos de crisis profunda con la seguridad de la presencia de Dios, conscientes de que pase lo que pase, Dios seguirá guiándonos con su amor inagotable. El contacto físico ocupa un lugar central en las relaciones humanas, pero también es la manera en la que podemos experimentar el abrazo de Dios. Podemos recibir su abrazo definitivo cuando respondemos a la obra de Dios en nuestra vida. Cantar y orar son nada más dos ejemplos de cómo podemos involucrar nuestro cuerpo en una relación con Dios. Algunas personas, cuando corren o hacen ejercicio, lo hacen como una respuesta a Dios. Los artistas, cuando pintan o bailan, lo hacen como una expresión de amor a Dios en respuesta al amor de Él. Los profesionales de la salud, los agentes del orden público, los empleados de correos y los conductores también pueden llevar a cabo sus actividades físicas a lo largo del día como expresiones de adoración a Dios. Ya sea que llevemos en el cuello un estetoscopio, que entreguemos paquetes en la entrada de las casas, que manejemos situaciones difíciles y peligrosas, o que llevemos personas al aeropuerto, cada actividad física puede ser "consagrada" a Dios, una expresión de adoración.

Cuando consagramos a Dios nuestro ser físico, literalmente abrazamos a Dios, y ese abrazo nos permite experimentar poderosamente su presencia. Sin embargo, en su expresión más sencilla, podemos abrazar a Dios en respuesta a su abrazo reconociendo su presencia por medio de la oración y del canto. Cantar y orar son aspectos cruciales de una relación con Dios. Estas prácticas nos permiten sentir que Dios nos acerca a Él. Es así como Dios nos toca y como nosotros lo tocamos de un modo tal que de hecho es más real que el contacto físico con otras personas. Esta clase de toque nunca se sobrepasa, nunca despierta sospechas ni genera ansiedad. Este toque nunca traiciona la confianza ni causa daño. Es el toque para el cual fuimos creados y muchas veces no nos damos cuenta de ello porque hemos vivido por tanto tiempo sin él.

CAPÍTULO 5

Te conoce: La verdadera cercanía con Dios

LENGUAJE DEL AMOR: TIEMPO DE CALIDAD

EN EL AÑO 2009, LOS ESTADOS UNIDOS experimentaron una ola de pánico repentino. La causa del pánico era el brote de una extraña enfermedad de la que apenas se había oído, a la que llamaron "la gripe porcina". Puede que lo recuerdes, o no, pero para muchos ese período se caracterizó por una honda preocupación, aislamiento y medidas de precaución extraordinarias. De repente, los cines, los restaurantes, los aeropuertos y los centros comerciales estaban llenos de dispensadores de solución jabonosa. Avisos en todos los baños de los Estados Unidos instaban a las personas a lavarse las manos concienzudamente. Los pocos afortunados que podían aplicarse una vacuna contra la gripe porcina corrían a hacerlo, mientras la mayoría prefirió dejar a un lado la vergüenza y la incomodidad para llevar una máscarilla médica en público. Fue una temporada de pánico y precaución, pero por fortuna la epidemia se desvaneció rápidamente, al igual que nuestro recuerdo de ella.

Del mismo modo que la gripe porcina, de vez en cuando surge un tipo de virus que acapara las noticias y exacerba los temores de una propagación epidémica. La situación más reciente que enfrentamos es la pandemia global del COVID-19, algo que probablemente nos afectará a lo largo de varias generaciones. Las modestas precauciones que se tomaron durante la "gripe porcina" han sido modificadas y multiplicadas de manera exponencial. Sin embargo, hay otra enfermedad global que también es mortal. No genera advertencias por parte de las estancias gubernamentales de salud pública. No es posible tomar una pastilla o una vacuna para recibir inmunidad de ella, y ninguna medida de aislamiento de quienes la padecen impedirá que nos contagiemos. De hecho, el aislamiento es quizá lo peor que podemos hacer para evitar el contagio.

En pocas palabras, estamos experimentando un brote de soledad. Puede que no se sienta como algo tan drástico como "refugiarse" durante una emergencia médica, pero sus efectos indudablemente se perciben y se multiplican con los acontecimientos mortíferos que han marcado al mundo en el año 2020. En nuestro tiempo, la soledad ha alcanzado un nivel epidémico, y el efecto es real y extremo.

Según las mejores investigaciones médicas, la soledad tiene consecuencias reales y serias: "Los seres humanos son sociales por naturaleza. No obstante, el modo de vida moderno en los países industrializados está reduciendo en gran manera la cantidad y la calidad de las relaciones sociales. La vida social, o la falta de ella, constituye un factor de riesgo principal para la salud, a la par de otros factores y sus efectos como el hábito de fumar, la presión arterial, los niveles de lípidos en la sangre, la obesidad y la actividad física".[1] Además, los efectos de la soledad conducen a otros problemas. "Los adultos solitarios consumen más alcohol y hacen menos ejercicio que quienes no están solos. Su dieta es más alta en grasa, su sueño es menos eficiente, y reportan más fatiga diurna. La soledad también interfiere con la regulación de los procesos celulares en el interior del cuerpo, predisponiendo al individuo que está solo al envejecimiento prematuro".[2] Esta pandemia ha golpeado rápido y fuerte, y tres de cuatro estadounidenses

1. Julianne Holt-Lunstad, Timothy B. Smith y Bradley Layton, "Social Relationships and Mortality Risk: A Meta-Analytic Review", PLoS Med 7, no. 7 (2010): e1000316, https://doi.org/10.1371/journal .pmed.1000316.

2. John Cacioppo, "Why Loneliness Is Bad for Your Health", entrevista de Nancy Shute, U.S. News & World Report, 12 de noviembre de 2008, https://health.usnews.com/health-news /family-health/brain-and-behavior/articles/2008/11/12/why-loneliness-is-bad-for-your-health.

reportan que luchan con la soledad y con los problemas asociados con ella.[3] El problema se ha generalizado a tal punto que en el Reino Unido se nombró en el año 2018 a la primera ministra del Ministerio de la Soledad, Tracy Crouch.

OCUPADOS, POPULARES, SOLOS

Tomás es un gran ejemplo de la pandemia en nuestro tiempo. A primera vista nadie creería que él pudiera ser una persona solitaria. Tomás es popular, está rodeado de personas tanto en línea como en sus actividades cotidianas. Poco después de terminar la universidad, Tomás pasa casi todas sus horas libres en compañía de muchas personas con quienes tiene intereses comunes. Se entretiene con software de computadoras, juegos de vídeo y haciendo compras en tiendas de artículos de segunda mano. Tomás rara vez se queda sin cosas para hacer. ¿Por qué ilustra tan bien el perfil solitario de nuestro tiempo? Para Tomás, el tiempo que pasa con otros pareciera nunca llenar su tanque; nunca es suficiente, y en lo profundo de su ser anhela algo más, aunque no puede identificar con certeza lo que es. Tomás ha empezado a darse cuenta de que, sin importar cuánto tiempo pase con otros y con quién pase su tiempo, siempre siente un profundo vacío al final del día.

---

3. Dennis Thompson, "3 in 4 Americans Struggle with Loneliness", MedicineNet, 18 de diciembre de 2018, https://www.medicinenet.com/script/main/art.asp?articlekey=217418.

Tomás anhela algo más de lo que puede encontrar en sus relaciones, incluso en las mejores.

Con razón el dilema de Tomás no nos resulta extraño. La mayoría de nosotros puede sentirse identificado con esa sensación de soledad a pesar de estar rodeados de personas. Como agua que se derrama sobre la arena, con frecuencia el tiempo que pasamos con otros circula por nuestra alma y nos deja tan secos y polvorientos como estábamos antes.

La realidad subyacente de la soledad en las personas como Tomás y el resto de nosotros es que fuimos hechos para algo más. Fuimos creados para tener una relación de calidad con Dios y, cuando eso está ausente, ninguna cantidad de amistades, ni siquiera amistades profundas, puede llenar el vacío. Sin una relación con Dios, nuestras otras relaciones son como agua que se derrama sobre la arena. Podemos derramar y derramar una y otra vez, pero nunca va a llenarse. Pareciera que nunca lograran algo verdaderamente significativo o duradero.

Además, nuestras relaciones, incluso las mejores, muchas veces nos traicionan. Es muy probable que no exista entre nosotros quien pueda decir que nunca ha sido lastimado profundamente, herido, abandonado o traicionado por alguien a quien conocía, en quien confió y a quien incluso amó. Esto no quiere decir que no podamos tener relaciones significativas con otras personas, pero, para estar verdaderamente satisfechos en lo profundo de nuestra alma, todas nuestras relaciones deben ser secundarias a la más importante: nuestra relación con Dios. Para eso fuimos creados. Todas las demás relaciones pueden florecer mejor solo cuando nuestra relación con Dios es prioritaria. Nuestra relación con Dios es la lente a través de la cual podemos entender verdaderamente y operar en todas las relaciones terrenales.

JESÚS DIJO: "TIENES QUE DARME EL PRIMER LUGAR"

Jesús dijo: "Si alguien viene a Mí, y no aborrece a su padre y madre, a *su* mujer e hijos, a *sus* hermanos y hermanas, y aun hasta su propia vida, no puede ser Mi discípulo".[4] Sí, Jesús dijo eso. Lo dijo cuando estaba rodeado de una multitud de gente nueva. Acababa de salir de una fiesta muy agradable cuando de repente había un montón de gente que lo seguía a todas partes con motivaciones de toda clase. ¿Crees que Jesús *realmente* quiso decirles que deberían en sentido literal aborrecer a sus padres? ¿Crees que Jesús *realmente* quiso decirnos que deberíamos aborrecer a nuestros hermanos? No. Algunas veces Jesús usaba de manera intencional un estilo de comunicación brusco y provocador para captar la atención de las

---

4. Lucas 14:26.

personas y sacudir sus falsos patrones de pensamiento, ¡especialmente en lo que respecta a nuestra relación con Dios!

Muchas veces nos acostumbramos tanto a una manera de pensar y de sentir que la única forma de considerar una perspectiva diferente es una llamada de atención. Eso es precisamente lo que son estas palabras de Jesús, una llamada de atención deliberada acerca de la importancia de dar a Dios el primer lugar.

Lo que Jesús quiere decir aquí es que, si nuestra relación con Él no es lo primordial, si no desplaza a todas las demás relaciones, en realidad no podemos conocerlo ni seguirlo. Jesús no está siendo egoísta ni poco realista, sino que está señalando un hecho. Nuestra relación con Él debe ser exclusiva. Tiene que ser especial al punto que aun nuestras relaciones más valiosas, como nuestros vínculos familiares, parezcan adversas en comparación con ella.

Jesús también usa la palabra "discípulo". En nuestros días, esta palabra solo tiene una connotación religiosa, pero en los días de Jesús la palabra se usaba para describir a alguien que era un seguidor estricto de otra persona por razones profesionales. Se podía ser "discípulo" de un albañil, de un joyero, de un carpintero. Era simplemente un término que reflejaba un nivel de compromiso que es intenso, prolongado, exclusivo y singular. Era imposible ser al mismo tiempo discípulo de un albañil *y* de un joyero.

Para ser un discípulo, todo lo demás debía quedar en un segundo plano, toda la atención debía concentrarse en seguir el ejemplo y la instrucción del jefe durante un largo período de tiempo. En la actualidad se considera que esta clase de compromiso exclusivo e intensivo es lo que se exige de los residentes de medicina, y somos conscientes de que ese nivel de consagración es indispensable para alcanzar un verdadero aprendizaje y meterse de lleno en su profesión que busca mejorar y salvar vidas. No puedes dedicar tu tiempo a múltiples profesiones y esperar convertirte simultáneamente en un experto en todas ellas. No puedes consagrar tu tiempo de relación con Dios y con los demás al mismo nivel y esperar ser la persona que Él dispuso que tú fueras.

LA CURA PARA LA SOLEDAD

Hemos sido diseñados de manera singular para tener un primer amor, una relación que es única con Dios, y para convertirnos en expertos imitadores de Él en la manera como ama. Esto es a lo que Jesús se refiere en realidad. Jesús quiere que amemos a nuestros padres y a nuestros hermanos, e incluso a las personas a quienes consideramos enemigas. Jesús nunca quiso que los odiáramos, pero el amor que tenemos por otros debe palidecer en comparación con el amor y la devoción absolutos que le expresamos a Él.

Aquí está el secreto: Cuando nuestra relación con Dios ocupa el primer lugar, todas las relaciones terrenales de repente cobran sentido y ocupan el lugar que les corresponde en la vida. Aquí es donde el lenguaje del amor del *Tiempo de calidad* entra en juego. El tiempo de calidad exige dar a la persona especial una atención exclusiva, y demostrarlo por la manera como pasas tiempo con ella y por la cantidad de tiempo que pasas con ella.

El tiempo de calidad despierta algo mágico, un sentido de *cercanía.* La cercanía es lo que produce inmunidad contra la enfermedad de la soledad. La cercanía es transformadora, revierte los efectos del aislamiento de nuestra alma e incluso el efecto de la enfermedad en nuestras células, porque sucede en comunión con Dios y en compañía de los otros. La "cercanía" es una idea poderosa, pero dista de lo que la mayoría de las personas se inclinan a pensar respecto a las relaciones. Cuando le damos a Dios nuestra atención exclusiva y lo valoramos, profundizamos nuestra relación con Él y sentimos su cercanía.

Por último, esta experiencia nos llena hasta rebosar. A diferencia del agua que se derrama sobre la arena, cuando experimentamos la cercanía con Dios encontramos una claridad y un gozo que nunca antes habríamos imaginado. Fuimos creados para esto y es lo que ansiamos, ¡aun cuando no sabemos que es esto lo que anhelamos!

Muchas personas no quieren pagar el precio de esta cercanía. No logran consagrarse de manera exclusiva a Jesús. Las personas que después de la fiesta empezaron a seguir a Jesús a todas partes son un buen ejemplo. Ellos no eran "discípulos", no tenían intención de consagrarse a Jesús y no estaban dispuestas a pagar el precio del discipulado para experimentar la cercanía con Él. Simplemente habían pasado un rato agradable en una fiesta con Jesús y pensaron que sería divertido andar por ahí con Él. En ese momento, Jesús quiso decirles que Él no estaba interesado en tener admiradores. A Jesús no le interesaba el revuelo de multitudes que apenas lo conocen de manera superficial, sino más bien en discípulos que estuvieran profundamente consagrados a Él. Jesús está absolutamente comprometido con el tiempo de calidad y con experimentar cercanía con nosotros.

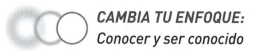

CAMBIA TU ENFOQUE:
Conocer y ser conocido

La excelente noticia es que tú puedes fácilmente dar los primeros pasos para gozar de cercanía con Jesús. Dios está esperando y quiere que tú des los primeros pasos para acercarte. A cada paso que damos hacia la cercanía con Dios, Él responde con un entusiasmo desproporcionado. Él anhela la intimidad con nosotros, pasar tiempo de calidad y cantidad de tiempo con nosotros a través de lo cual nos convirtamos en las personas que Él planeó que fuéramos.

Lamentablemente, en nuestros días, muchas personas religiosas no son más que admiradores que buscan a Jesús por intereses particulares. Viajan con Él de experiencia en experiencia, pero no tienen un vínculo profundo con Él. Para ellos, Jesús ocupa un lugar secundario después de la familia, de hacer dinero o de las metas ambiciosas. El tiempo de calidad es el principal indicador que señala la diferencia entre un admirador y un discípulo, porque los discípulos *buscan estar con* Jesús, gozar de *cercanía* continua con Él. Parte del problema de Tomás y el problema que enfrentamos con nuestras relaciones es que son superficiales y no existe en ellas un verdadero sentido de cercanía. La cercanía, un profundo sentir de estar *con* y *para* el otro, de ser visto por el otro, es lo que ansiamos en nuestras relaciones y, cuando no lo recibimos, sin importar con cuántas personas nos rodeemos, nos encontramos solos.

En lo profundo de tu ser existe un intenso deseo, una inclinación a conocer y a ser conocido. Fuiste creado primero para conocer a Dios y para que Él te conozca y, a partir de esto,

Lamentablemente, en nuestros días, muchas personas religiosas no son más que admiradores que buscan a Jesús por intereses particulares.

todas tus otras relaciones pueden encontrar el lugar que les corresponde. La principal razón por la cual millones de personas, tal vez incluso tú, se sienten solas hoy, es porque en su vida no hay *cercanía* con Dios. La cercanía, el compañerismo vivo e íntimo, viene de pasar tiempo de calidad con Él. Esto puede sonar extraño, pero pasar tiempo con Dios es literalmente la vía más directa a una vida que rebosa de amor, gozo y paz. Una persona que vive en *cercanía* con Dios va a experimentar amor, un profundo compañerismo y comunión con la única persona que puede llenarla, ¡llenarla al punto de rebosar!

BUSCA LA CERCANÍA CON DIOS

Tú puedes dar el primer paso para experimentar la cercanía con Jesús ahora mismo. Como has visto, Él ha estado esperando. Piensa en hacer algo práctico y real con Él. Cuando pensamos en tiempo de calidad con otras personas, a menudo pensamos en crear lazos mediante una actividad, una conversación de corazón a corazón, o una experiencia juntos.

Quizá te encuentres o puedas encontrar un lugar donde puedes hacer algo para conectarte con Dios de manera tangible, a solas y en silencio. Empieza respirando profunda y suavemente. Deja que las distracciones en tu entorno pasen a un segundo plano y con sencillez pídele a Dios su presencia. Puedes decir algo como: "Jesús, permíteme sentir tu presencia".

Allí, sentado en silencio, considera elevar esta oración. Léela despacio y con pausas.

> Tu misericordia, oh SEÑOR, se extiende hasta los
>   cielos,
> Tu fidelidad, hasta el firmamento.
> Tu justicia es como los montes de Dios;
> Tus juicios son *como* profundo abismo.
> Tú preservas, oh SEÑOR, al hombre y al animal.
> ¡Cuán preciosa es, oh Dios, Tu misericordia!
> Por eso los hijos de los hombres se refugian a la
>   sombra de Tus alas.
> Se sacian de la abundancia de Tu casa,
> Y les das a beber del río de Tus delicias.
> Porque en Ti está la fuente de la vida;
> En Tu luz vemos la luz.[5]

Lee esta oración una segunda vez y detente. Por último,

---

5. Salmo 36:5-9.

léela una tercera vez, prestando atención a las partes que sientes que te llenan. Cuando *sientas* que algunas palabras específicas en esta oración hablan a tu alma, medita en ellas, reflexiona y repasa. Pregunta a Dios por qué, el porqué de estas palabras. ¿Hay alguna verdad de esta oración que habla a tu corazón? Cuando tomes este sencillo paso de orar y meditar en la Palabra de Dios, empezarás a experimentar cercanía con Él.

Por último, después de haber orado y meditado en esta oración, considera escribir lo que has experimentado. Este acto de oración y meditación, de llevar registro y escribir puede convertirse en un hábito cotidiano y, a medida que experimentes cercanía por medio de esta práctica sencilla, te darás cuenta de que te hace falta. Esta práctica te llenará. Descubrirás que es diferente a todas las demás relaciones, que es diferente a derramar agua sobre la arena. Considera hacer esto diariamente a lo largo del libro de Salmos durante los próximos treinta días, ¡y observa cómo experimentas la presencia de Jesús en tu vida diaria!

CAPÍTULO 6

Vive en amor

¿ALGUNA VEZ HAS PASADO UNA NOCHE sin poder dormir? Tal vez hayas tenido incluso la experiencia de despertarte en medio de la noche. Te quedas mirando el techo y las sombras que forman en la habitación el tenue brillo de tu teléfono celular o del reloj despertador. Das vueltas de un lado a otro con la esperanza de quedarte dormido, pero tu mente sigue divagando. En esos momentos de agitación nos encontramos cara a cara con nuestra humanidad. Es entonces cuando muchos de nosotros nos sentimos completamente solos. En ese tenue resplandor en medio de la noche, nuestra mente da vueltas en torno a las cosas que con todo éxito hemos eludido en medio del trajín del día. Nos quedamos allí acostados, preguntándonos acerca del futuro, acerca de las finanzas, acerca de la salud, nos preocupamos por las relaciones, por las perspectivas profesionales y la jubilación. Miramos el reloj y diez minutos se convierten en tres horas. Miramos el ventilador del techo, miramos las sombras y, en esos momentos de estar en vela, nos abruman muchas preguntas y preocupaciones. Todos hemos pasado por esto.

El amor irrumpe en nuestro desvelo, nuestra inquietud y nuestra preocupación. El amor calma nuestro corazón como el simple dinero no logra hacerlo. Lo que necesitamos más que una solución o la certeza acerca del futuro es encontrar esperanza y paz en el hecho de *sentirnos* amados. En los momentos oscuros de nuestra vida, Dios quiere que sepamos que Él está ahí, amándonos y cuidándonos. Jesús reconfortó a sus amigos preocupados con estas palabras:

> Por eso les digo, no se preocupen por su vida, qué comerán o qué beberán; ni por su cuerpo, qué vestirán. ¿No es la vida más que el alimento y el cuerpo *más* que la ropa? Miren las aves del cielo, que no siembran, ni siegan, ni recogen en graneros, y *sin embargo*, el Padre celestial las alimenta. ¿No son ustedes de mucho más valor que ellas?". ¿Quién de ustedes, por ansioso que esté, puede añadir una hora al curso de su vida?[1]

1. Mateo 6:25-27.

LA PREOCUPACIÓN Y NUESTRO VALOR

No podemos sentir el amor de Dios en nuestra vida a menos que comprendamos nuestro valor. Jesús no se limita simplemente a decir "no se preocupen". Él dice que somos valiosos, que tenemos valor. La preocupación es una señal de que creemos que nadie está pendiente de nosotros, que nadie cuida de nosotros. En la raíz de la preocupación está la creencia de que somos invisibles, que no importamos, que no tenemos valor. Nada de eso es verdad. Jesús dice que Dios cuida de las aves del cielo supliendo todas sus necesidades, y si así es como Dios cuida de ellas, Dios cuida de ti, ¡puesto que tú eres mucho más importante que cualquier pájaro que vuela por ahí!

Dios te ama profundamente. ¡Él te ve, te conoce y te ama! Después de leer cada capítulo acerca de los diferentes lenguajes del amor, es probable que te identifiques en cierta medida con cada uno. Si bien tenemos un lenguaje dominante, amor es amor. ¿Quién no se siente valioso cuando recibe un regalo? ¿Quién no se siente apreciado cuando alguien nos ofrece una palabra de afirmación para animarnos? ¿Acaso no todos sentimos que

> La preocupación es una señal de que creemos que nadie está pendiente de nosotros.

importamos cuando alguien hace algo para ayudarnos o servirnos? Sin importar cuál sea nuestro lenguaje del amor, nos *sentimos* amados cuando *somos* amados... pero la clave es ser conscientes de ello. Eso es lo que Jesús quiere señalar aquí. Cuando entendemos nuestro valor a los ojos de Dios, podemos dejar de preocuparnos y, cuando dejamos de velar y dar vueltas, de mirar fijamente las sombras de la vida, descubrimos que es posible *sentir* el amor de Dios.

INCLINEMOS NUESTRO CORAZÓN A DIOS

Dios expresa todo el tiempo su amor por nosotros, aunque a veces no seamos conscientes de ello. Dios habla nuestro lenguaje del amor y podemos *conocer o sentir* su amor cuando somos sensibles a su presencia en nuestra vida diaria. Cuando buscamos a Dios podemos volvernos más conscientes de lo valiosos que somos para Él y de su obra en nuestra vida. A medida que inclinamos nuestro corazón y nuestra alma a Dios, podemos realmente experimentar la maravillosa presencia de su amor. El primer paso para experimentar el amor de Dios es reconocer simplemente que queremos sentir su amor. Esto suena sencillo, pero a menudo es el paso que muchos pasan por alto. Trata de expresar a Dios las siguientes palabras en voz alta:

"Jesús, quiero experimentar tu amor. Creo que tú moriste en la cruz para pagar el castigo por todo lo que he hecho y lo que he dejado de hacer. Creo que tú venciste la muerte resucitando del sepulcro. Quiero conocerte. Ven a mi vida y guíame en el camino del amor".

Por medio de esta sencilla oración expresamos a Dios nuestro deseo de ser amados. Con esta oración reconocemos que solo gracias a lo que Jesús ha hecho por nosotros con su muerte y resurrección podemos vivir enamorados de Él. Con esta oración reconocemos que queremos vivir a la manera de Dios, ser guiados por Él. Esta es una oración importante porque abre el camino para que recibamos el amor de Dios por nosotros. Te animo ahora mismo a elevar de nuevo esta oración en voz alta a Dios.

Dios nos ama siempre, pero esta oración nos ayuda a expresar que realmente queremos conocer su amor. Experimentar el amor de Dios es la respuesta a los anhelos más profundos de nuestro corazón. A medida que empezamos a vivir en amor, nos liberamos de las preocupaciones de la vida. Llegamos a creer que somos valiosos, que Dios nos ve, nos conoce, que le importamos y que le pertenecemos. Dios habla nuestro lenguaje del amor y, a medida que lo recibimos, ¡vivimos en esperanza y en paz por medio de Él!

¿Y qué de la Biblia? Puede que todavía no seas un lector de la Biblia, pero tan pronto abras la puerta de tu corazón al amor de Dios, descubrirás que la Biblia cobra un nuevo significado. Para la mayoría de las personas, la Biblia no es más que un libro antiguo lleno de genealogías y dichos extraños, pero cuando abrimos nuestro corazón al amor de Dios, ¡las palabras de la Biblia cobran vida! Cuando termines este libro, planea tomar tu Biblia y buscar allí cómo Dios habla tu lenguaje del amor. Intenta empezar con el libro de Salmos y el libro de Juan. Trata de leer un capítulo diario de cada libro en las siguientes semanas. Presta atención a las maneras en que Dios se acerca a ti, te anima, te envuelve en un abrazo más poderoso que las manos humanas. Busca las maneras en que Dios te invita a través del pasaje a convertirte en una persona amorosa llena de paz y gozo.

Todo cambia cuando sabemos que Dios nos ve, nos conoce y nos ama. Cuando sentimos el amor de Dios somos transformados desde nuestro interior, y esto nos impulsa a participar en los propósitos de Dios con el mundo que nos rodea.

Lo que yo no entendía siendo niño (habla York) es que cada vez que quemábamos una Biblia en nuestra casa, cada vez que nos burlábamos de Dios, cada vez que decidíamos cerrar nuestros ojos al amor de Dios en nuestras vidas, estábamos literalmente quemando la esperanza, burlándonos de la paz, y cerrando nuestros ojos al gozo y al propósito que vienen de una vida de amor. Cuando experimentamos el amor de Dios, no nos limitamos a una cálida sensación difusa. Sentir el amor de Dios no se trata tan solo de encontrarnos mejor, sino de encontrar esperanza, paz, gozo y un propósito. Cuando experimentamos el amor de Dios, su amor obra en nosotros. ¡Nos electrifica!

UN FUEGO EN EL CORAZÓN

Algunas personas usan la expresión "avivados por Dios". Esto es lo que sucede cuando encontramos el amor de Dios: Quedamos "en llamas" porque recibimos una nueva fuente de energía que arde en nuestro interior. Cuando yo (habla York) al fin decidí recibir el amor de Dios y seguir a Jesús, de inmediato sentí una energía inexplicable, un fuego en mi corazón. Cuando leía mi Biblia, oraba y seguía a Jesús, descubrí que tenía un propósito y una esperanza que me llenaban, y eso me impulsó a amar a las personas a mi alrededor. Me di cuenta de que amaba a la persona sin hogar que vivía en nuestra calle, a la prostituta en la parada del autobús, a mi vecino malhumorado, a mis rivales en la universidad. Empecé a amar a mi familia con un amor más profundo, y a mis amigos con un propósito más claro. ¡Este amor en mi interior creció porque yo lo había recibido de Dios! Amamos cuando somos amados. Podemos decir a otras personas que son valiosas cuando sabemos que nosotros somos valiosos. ¡Podemos revelar a otros que Dios los ve porque Dios nos ha visto! Sentimos un gozo casi inexplicable cuando hemos sido liberados de la preocupación de sentirnos invisibles, olvidados o indignos. Cuando sabemos que alguien nos ve, nos conoce y nos ama, se enciende un fuego en nuestro interior. Esto sucede cuando amamos y somos amados. ¡Es una amistad en llamas que además enciende al mundo!

Acerca de los autores

GARY CHAPMAN es escritor, orador, pastor y consejero, y su pasión es ayudar a otros a cultivar relaciones duraderas. Es autor de éxitos de ventas como la serie *Los 5 lenguajes del amor*, y editor general de la *Biblia devocional: Los lenguajes del amor*. Gary viaja por el mundo presentando seminarios, y sus programas de radio se transmiten en más de 400 emisoras. Gary y su esposa Karolyn viven en Carolina del Norte.

R. YORK MOORE es un orador con grandes dotes artísticas, un apasionado del avivamiento y un abolicionista. Sirve como director ejecutivo de Catalytic Partnerships y como evangelista nacional de InterVarsity Christian Fellowship. Es autor de varios libros, entre ellos *Do Something Beautiful: The Story of Everything* y *Guide to Finding Your Place in It* (Moody Publishers). York se convirtió en cristiano al abandonar el ateísmo cuando estudiaba filosofía en la Universidad de

Michigan. Tiene un máster en Liderazgo Global del Fuller Theological Seminary. Vive en Michigan con su esposa y tres hijos. Para mayor información acerca de R. York Moore, visita tellthestory.net y síguelo en las redes sociales, @yorkmoore.

GARY CHAPMAN y
JENNIFER THOMAS

Cuando decir lo siento no es suficiente

CÓMO DISCULPARSE DE MANERA EFICAZ

Hacemos y decimos cosas que luego lamentamos y lastimamos a las personas que más amamos.

Incluso en la mejor de las relaciones, todos cometemos errores. En este libro Gary Chapman y Jennifer Thomas, revelan nuevas formas de acercarse de manera efectiva y reparar las relaciones fracturadas. Aún mejor, descubrirá cómo las disculpas significativas le brindan el poder de hacer que sus amistades, familia y matrimonio sean más fuertes que nunca.

EDITORIAL
PORTAVOZ

NUESTRA VISIÓN

Maximizar el efecto de recursos cristianos de calidad que
transforman vidas.

NUESTRA MISIÓN

Desarrollar y distribuir productos de calidad —con
integridad y excelencia—, desde una perspectiva bíblica y
confiable, que animen a las personas a conocer y servir a
Jesucristo.

NUESTROS VALORES

*Nuestros valores se encuentran fundamentados en la
Biblia, fuente de toda verdad para hoy y para siempre.
Nosotros ponemos en práctica estas verdades bíblicas como
fundamento para las decisiones, normas y productos de
nuestra compañía.*

Valoramos la excelencia y la calidad.
Valoramos la integridad y la confianza.
Valoramos el mérito y la dignidad de los individuos
y las relaciones.
Valoramos el servicio.
Valoramos la administración de los recursos.

Para más información acerca de nuestra editorial y los
productos que publicamos visite nuestra página en la red:
www.portavoz.com.